日清、日露、太平洋戦争
『大東亜共栄圏構想の目算』

彷徨《さまよ》える
日

源田京一

幻冬舎MC

日清、日露、太平洋戦争
『大東亜共栄圏構想の目算』

彷徨える日本史

はじめに

二〇二二年二月二四日。ロシア連邦第四代大統領ウラジミール・プーチンは彼《か》の地（ユーラシア大陸）の北方に於いて、大きく動いた。鬨《とき》の声はあったのか、なかったのか、それは全くメディアの報道にもなくその実態はわからない。不意打ち開戦かもしれない。とはいえ、少々の声高の気勢《きせい》に乗せる、発声があっても不思議ではない。ロシアのプーチン大統領も立場を超えた開戦（必勝、独断）であるから、ロシア国の敗戦はあり得ないという、確信の元に始めた戦争であろうから、周知の承諾をとる訳でも立場でもない。この対ウクライナ戦を周辺諸国に、理解できるような、または想像ができるような、アナウンスが欲しいが、周囲にわかってしまっては、極秘の情報にもならないということか。ロシアでは国際法の適用は厳しいであろうが、それなりの国際ルールがあり、加盟国はそのルールを厳守しなければ、国際的な制裁があるのであろう。

一見、分かりやすそうな国際法の規則を無視した行動は、「厳しくて明確な判定」がされると想像はできるが、それより先は凡その見当はついても、具体的にどんな法律が適用されるのか、全くそのルールを知るような立場にない筆者には、中々、理解はできない。適用されるべきはずの、その国際法の表紙を一見したこともないが、見せられても解釈は充分にできない。困ったときの手段である『国史大辞典』を参考にしてみる。

「宣戦布告」とは、「紛争当事者である国家が、相手国に対して戦闘行為を開始する意思を表明する宣言である」と説明がある。簡単明瞭で分かり易い一文ではあっても、却ってわかりにくい様な気もする。更に読み込んでみる。

「開戦に関する条約」で初めて国際的なルールとして成文化された。しかし、あまり尊重されないために、その後、更に国際連盟が改めて定めたとある。我等は、更にもう一歩前に出て、別の資料を見てみることにする。

「宣戦布告」とは相手国や中立国に対し、戦争状態に入ることを相手に告知する事であり、「開戦」と同義用語に入れられることが多いが、狭義の解釈では異なる用語とされている用語である。

一般的には戦争開始前の事前報告として、交戦相手に最後《さいご》通牒《つうちょう》が交付される。交渉が決裂し、外交交渉が打ち切りとなれば、国交が断絶という場合が多いということであるが、ウクライナ国とロシア国の間ではこんなやり取りがあったということを聞かされても、やはり、全くにして、理解できる情報がない。

相手国がその通告を受領した時点で、効力は発生するともある。受領状態をどのようにして確認するのか、具体的にはそこもわからない。

☆そして、この「宣戦布告有りの戦争」はなんと、「日露戦争」が最初の戦争であったという歴史上の事実があるようである。この歴史上の、日本国の近代戦争が紹介されていることに驚く。この事実を世界が知りおく政治用語であったことは、筆者も無学に近い。それにつけても、ロシアのこの度《たび》の行動はそれぐらいに世界を仰天させている。筆者に至っては、これが事実の戦争であるという認識に至るまで、相当な時間がかかってしまった。あちらこちらの知人に確認をして、納得できた時の感想は、耳を立ててみたが、その大半はロシアのプーチン大統領の行動は凄《すご》いの一言であった。
「日本」という国家に住んでいると、よくも悪くも、世界情勢に全く疎《うと》くなる。例えが古いが、「コロナ情報」も隣国発症の出来事であったにも関わらず、日本の国家も個人も、暫くは充分な対応もできなかった。

今、ここにある「戦争」という国際的な事実は、あのロシア国とウクライナ国の本物の戦争である。三日三晩くらい新聞とメディアの記事を見た。普段はあまり見ない私の行動である。「ロシア・ウクライナ」のその戦場が「日本国」という遠方の国家、民族の我々には全く実感がわいてこない。兎にも角にも、戦争であるから、殺し合いの日々であろう。

ウクライナから日本国に寄せる情報に、こんなことがあったとTVに流れる。

「そこにある日本国という国家には、ロシアの隣国として、我がウクライナ国と同じ危機が寄せてくる、日本国も充分に気を付けて、共に戦おう」といっていた論旨であったらしい。

其の危機は近い将来において、目前で戦争という事実を確認しないと、電波機器だけの放送では、日本国の多くのひとはその実態の判別も想像も出来そうにない。

それでは困る。しかし、このロシアの一見、唐突な行動に見える戦闘行為も歴史で学ぶところの、宣戦布告のある正当な戦闘行為であった。

不穏当な表現で慎《つつし》むべきところであるが、普段の日本国は「茹《ゆ》で蛙《かえる》状態」の国家であったが、近時は周囲の情勢は、それなりにやかましい。台湾・中国、更に韓国も核爆弾の保有国になるようなニュースが連日の様に流されている。最も、近時の日本国の周囲は、とても蛙《かえる》に例えられるような状況の国家環境ではない、そんな空気であることは誰でも承知している。

　この即刻、日本国に「開戦」もありかの状況を想定して、日本国の第一〇一代総理大臣岸田文雄氏は、二〇二三年三月二一日（粗《ほぼ》、開戦より一年後）にウクライナに電撃訪問をした。この岸田総理のゼレンスキー大統領訪問は、その行動を普段から聞く耳はある、検討はするが行動がやや遅い。いつも、一手遅れると日本国内ではうれしくない、評判を執《と》ってしまう「岸田検討使」。しかし筆者は岸田氏を必ずしも評価を低くしていない。いや、評価を上げていると密かに声援を送っている。閣僚人事問題の辺りでは、今にも総理の職を辞するべきという、噂を好むスズメたちの声が激しく聞こえ、元総理大臣の菅義偉《すがよしひで》氏や周辺からの声に、かなり追い詰められていたが、筆者はこの日本国の全く見苦しい内政事情を、心から嘆いてしまった。

　菅さん、あなたが再登場するには、まだ幾分にして早いと思うと、彼の耳元で囁《ささや》きたい。民主主義の国家であるから、選挙は何れ、又、あるであろうから、あまり慌て過ぎる姿は見たくないと思うが、読者のみなさんはどうであろう。大日本国の現職総理大臣が世界に遅れをとって「今頃にウクライナ訪問かよ」のヤジも聞こえたが、先を競ってウクライナ参りは、これもどうであろう。やはり日本国と「岸田検討使」の立場から見れば、最終ラウンドあたりのこの時期でも、何らおかしくはない。それに岸田総理にはゼレンスキー大統領を「広島G7《セブン》」に招待するという奥の手があり、ウクライナ国の大統領が、この戦闘状態を現地に於いて岸田総理のプレゼンに「是非」の検討をしたうえで、「招待してくれたのだから検討します」くらいの会談にはなったと思うが、そこもそれでよい。即答をしてもしなくても世界は見ている。先を急いで訪問する案件にあらず、初めてのお使いでもなかろう、岸田氏は元外務大臣である。世界の首脳が訪問した後の最終ラウンドだから尚《なお》更《さら》よい。中途半端に、他国と争ったような訪問は野暮な作戦であろう。

舞台は変わるが筆者にとって、岸田総理大臣の故郷が「広島G7《セブン》」の開催地での出身である。この岸田氏の出身地について異論があるようだが、広島に数年、赴任した経験のある筆者から見れば何の問題もない。又、今は亡き安倍晋三元総理の近しい縄張り地区の舞台であった。安倍一族の近隣地区であったことも、結果的であるとはいえ、自らの郷土で国際的な行事を、自らがホストとなり開催できることの感動は、関係者でなく、義理で装う参加者とはまた違った思いもあろう。その将来も加算して現役の総理大臣であるから、更に加えて評価しておきたい。

世間に於いては、不評の声は多けれど、どこから見ても、ひとり頑張って、頑張っての人がいる。それはＧ７《セブン》サミット（フランス、米国、英国、ドイツ、日本、イタリア、カナダ）が二〇二三年の五月に広島市で開催をすることが正式に発表され、日本国の主役の内閣総理大臣・岸田文雄氏が一人、頑張って外遊をこなしてきた。

そこに少し触れよう。外遊とは筆者の失言であり言葉の綾《あや》である。岸田総理はそれなりに緊張して、思案を深くしての帰路であったと思う。日本開催のサミットは前回の伊勢志摩での開催があった。前回も日本国の厳格で自慢の安全なる防備体制に往時の関係者の横顔を思い出した。その時、日本のホスト役をしたのは、口元も爽《さわ》やかで、比較的「多弁症」気味の安倍晋三氏であった。そして今年のサミットのホスト役は、確定支持者の層が薄いと酷評されている岸田文雄氏である。重大な役回りに本人は外遊どころではなく、各国の首脳陣が漏《も》れなく参加してくれるように説得する為の、最後の根回しと会談であった。この拙本が読者の御手に渡る頃は、このタイミングよりも更に遅れることであり、過ぎし日の出来事になってしまっているであろうことについてはお詫びを繰り返しておきたい。そして「安全防備体制」と筆者は軽々しく口にしてしまったが、大きな間違いである。あの安倍晋三氏もテロに遭い、命を落とした。

そして、今また、現役の総理大臣の岸田文雄氏の命が狙われた二〇二三年（令和五年四月一五日）。和歌山県和歌山市の港町に講演の予定で移動していた最中の事件である。

安倍晋三事件と同様に狙撃犯人はテロ装備を固くしているのではなく、完全に一般大衆の中の好青年といった様子である。警備も大衆もとても大衆化しており、危険を感じさせる空気はない。まるで欧州映画の殺人鬼『ジャッカル』のようで大衆の渦中に紛れて犯行に及んだ。岸田文雄総理大臣はＳＰに守られて素早くその場を逃れた。

そのニュースが一体、世界の何処ら当たりまで、外信として報道されたのか知らないが、Ｇ７サミットの開催が出来るのかどうかも怪しくなってきた。其の一面に於いて、日本国は「茹《ゆ》で蛙《かえる》」どころではない。まるで後進国、其のままである。この点では筆者も全く恥ずかしいというより、まさか「総理の命を狙ったテロが又か⁉」、日本は「安全装備・ＳＰガードの大丈夫な国家」と言っていいのか。「安倍晋三事件」も「岸田文雄事件」も日本の現代史の大きな一場面であるが、言い訳にしても、筆者は適切な言葉が用意できない。

ここはそれだけで次の場面に移りたい……。元に戻ろう。

今、世界の世相は大きく揺れている。後に与党代表の自民党・公明党は世界の大国の分断状態を如何に乗り切るか、そこは与党の仕事であるが、野党もそれなりの関心を寄せないといけない。そして万年野党と揶揄されてきた、立憲民主党を頭《かしら》にした纏《まと》まり切れない野党連合への期待も怪しげ風であり、筆者の浅はかな期待があったが、そこもどうであろう。国会という舞台に、大物役者と言える政治家がいない。菅義偉氏も高市早苗氏も安倍晋三氏亡き今は、支えも無く、暫く静かにして頂きたいと思う。

「日本国」は憲法により、戦争をしない国家であり、出来ない国家であるが、戦争するにも戦闘する兵隊にその準備が出来ていない。流血は好まないが、それなりの環境に備えて日本国も国家と国民を守らねばならない。大袈裟にイントロページから的《まと》を外した書きようであるが、ロシア・ウクライナ戦争に限らず、世界は混沌として日本国の周辺も相当に、緊急に自国の防衛を自力で守るは、当然な国家の行動であるという空気が漂っている。緊急事態が十分に想像され、警戒しなければならないが、国民の個々、一人としてどうしたらよいのか全く分からない、筆者もその一人であろう。

日本国の自衛隊というべきか、軍隊と呼ぶのが正しい呼称がわからない。

呼び名はどの様にしてもよいが、いずれも予想される有事の事態に、素早く対応が出来そうな、我が国の準備と体制と様子が見えない。「核爆弾」用の防備小屋が競売されているというようなニュースも一部にあったが、その先はわからない。北朝鮮の核実験に対する日本のアラームは慌てて鳴り散らかしている。「有事」とは一体どんな様子であるか、誰もわかっていない。筆者は事態を最も理解していない群衆の一人でしかない存在である。話がまた逸れてしまったが、頑張っての人がもうひとりいる。それは隣国大陸のリーダーである。

中華人民共和国と習近平国家主席（第七代国家主席）は、ハンドリングを大きく裁《さば》いた。何処に自国（中国）の船体を寄せようか。武漢のコロナと経済は大国なりの大きな迷いの連続であった様にはあるが、ここまでくれば中国もそこは社会主義国の組織力で、民衆の「世論」・「国論」を一閃《いっせん》し、不満はあっても、コロナ政策と同様に、ロシア対策へのハンドリングの方向を大きく変えた。ロシアのプーチン大統領とアメリカ・バイデン大統領を計りにかけたと言うような簡単な軽量比べではない。ロシア・アメリカが今後の作戦をどのように作動させるかによって、日本も中国も独断で動きのとれる事態では全くない。正に世界が動くことになる。そして世界の秩序が代わる。

中国は一見すれば、ロシア国にも、ウクライナ国のいずれに重きを置かずの対応の様にも見えるが、現在よりロシア寄りの軌道修正は大胆に出来ようか、そこはわからない。

現在は世界中が、何処のリーダーに歩幅を寄せたらよいかわからない。不安であろう。ここまでの工程を視れば一方に不安を感じても、その他方に安定な国際社会が、受け皿となり、そこに身を寄せられるかと言えば、それも全く疑問である。ロシアの高名な学者の一言によれば、プーチン大統領は「この戦争は終わりのない戦争」であり、必ず目標は達成する。それまではウクライナ侵攻はやめないであろう。もしやめるなら、その時は、ロシアはなくなっている（ロシアという国家が存在しない）だろうと、文字に大きく残している。

この春にG7開催国の首相であるホスト「岸田検討使」が文《ふみ》を持ちロシア・ウクライナの二国を訪問し、招待状を持参すればよい。落としどころの見えない世界の二人の主役を、広島開催のG7サミットに極秘で招待すればよい。そのひとりはロシアの大統領、ウラジミール・プーチン氏、更に加えるもうひとりは、ウクライナ大統領・ウォロディミル・ゼレンスキー氏の両名に、日本のホスト役の岸田文雄がG7サミットメンバーの総意と了解を得て、会場舞台の暗幕の裏から、登場させるようなシナリオはできないものか。筆者の提案に賛同できる読者はいないであろうが、ウクライナ戦を一時的に休戦して、広島サミットに姿を見せる余裕があれば、和解の大きなチャンスになるかもしれない。否《いな》、もし、ホストがシンゾウ・アベならば、核爆弾使用の放言も一時的に脇に置いて、北海の白熊と異名を持つプーチン氏が、どこからか姿を見せるであろうことを期待できた。そんな役回りを想像してみるが、ロシアもウクライナも休戦する為の大義名分がいる。両者はいずれも英雄として、自国の歴史教本に名を残さねばいけない立場の英雄。他方でどんな幕引きを演出しても、既に命を落とした兵隊と被爆（高射砲）に巻き込まれた一般市民のなくした命は戻らない。

❶「人はいずれ死ぬ。一番尊い名誉ある死に方は、お国の為に命を捧げることである。ロシア兵は尊い命の捧げ方をよく知っている……」（プーチンの言葉）。ロシアもウクライナも社会主義国の戦争や、兵士の消耗と使い方を熟知しているような行動に様子が窺《うかが》える。

ロシアの国は、兵士部隊の総動員出撃の命令を出せば、常に1000万人以上の兵士の命を用意できる軍隊であるし、自国の方から敗北を認めることは、決してないと語るロシア寄りの学者解説があった。ここは大東亜共栄圏構想の主事者、東條英機の戦陣訓の文様《もんよう》に酷似している。筆者はプーチン氏とゼレンスキー氏の二人の心底に、何故か日本流の浪花節的な、国家に一命を捧げる悲壮な精神を感じてしまう。戦争の本質は軍人魂か、日本武士道であるとプーチンは雄叫《おたけ》びを上げているのではないか。

「戦争」は勝っても負けても殺し合いの万歳と叫んで一命を捧げるもの。それは筆者の愚かでつまらない感傷である。しかし、いざ戦場に立てば自分ひとりが、その場から「脱走」できようか。皆で揃《そろ》って墓場に立てくらいの号令が出よう。大日本帝国陸軍の「戦陣訓《せんじんくん》」

にある一例を見せよう。

❷大日本帝国の旭日旗《きょくじつき》の下《もと》で、「生きて虜囚《りょしゅう》の辱《はずかしめ》を受けず、死して罪禍《ざいか》の汚名《おめい》を残すこと勿《なか》れ」とある。終戦後生まれの筆者は日本人として、理解はできない思想であるが、「生きて帰還できる兵はなし」と言われれば、一歩、前に出て合掌をするしかない。プーチン大統領が突然、柔道着を羽織って登場するようなイメージが浮かぶが、彼は生まれつきの戦う宿命を与えられているかもしれない。切腹自決の心構えがあればＩＣＣ（国際刑事裁判所）など全く怖くないかもしれない。

筆者が「彷徨える日本史」の切り口を大きく超えて、世界史と日本史のコラボでチャレンジする気になったのは「ロシア人の思考と大日本帝国の主人公の思考が何処か、一振りに於いて酷似している」と浅学を承知で一歩前に駒を進める気持ちになった。

今回のタイトルは「彷徨える歴史の群衆像達」とでもしたいと、幻冬舎文庫の板原編集長からのチャンスを与えて頂きましたことに感謝の御礼を前もって、申し上げたい。また一方で、ロシア・ウクライナ戦争は終点を予測させない雲行きであり、投稿のタイミングがとれなく、文意が遅れたことに一部の言い訳を申し上げて、展開を急ぐことにした。

筆者がこれから手掛ける、戦争が頻繁に勃発した大正・昭和初期の時代、この数年の失態を詳しくするのは、学問の域を超えた知識も必要だが、そこは多少の批判は承知の上で始めてみたい。

戦争や事変の歴史は綺麗ごとでは進めない。しかし、これは世界の軍隊が揃って参加してしまった「近現代の世界大戦争の歴史」の事実である。

この時代の戦争（太平洋戦争）で世界は大きく変わった。いや、変えられてしまったというべきである。

習近平氏とバイデン氏の台湾国を巡る解決案は、まだ探れる余地はあろう。広島サミットで、岸田総理大臣は力強く本気で壇上に上がろう。そこで日本国の本気度が計られるし、日本人の衆目もそこにある。

一見するには、会社員が似合いそうなふたつ名の「岸田検討使」だが、言う時は「はっきり、キッチリと申し上げますよ」という空気を醸《かも》し出し、世界の衆目を意識して、日本国民の期待を背負う「内閣総理大臣・岸田文雄」を演出して欲しいと期待していた。結果は期待以上の成果が得られたように思うが、読者の皆さんはどうであろう。

米大統領のバイデン氏が、米国の国内事情で一時は参加できないような空気の情報を世界に流布して、それでも日本国の「岸田検討使」の立場を演出してくれたように思う。この演出は中国の習近平を意識しての行動であったかもしれないが、日本国の岸田総理大臣と日本国民はそれで納得できるであろう。

そこにウクライナのゼレンスキーのＶＴＲが流れれば、岸田総理の期待は世界に拡大するであろうと、筆者の舞台演出を期待していたら、全くその通りの結果となった。これは、前日にゼレンスキー大統領の直接対面に参加したいとの回答があったようであるが、そこまでは全くの偶然予想であった。この結果は日本国の演出かウクライナ国の演出かわからないが、そこは問題にするところではなく、ウクライナ国の大統領であり、「世界の平和大使」という短期参加の演出であろう。この代役を出来る人物はゼレンスキー大統領以外には誰もいない。世界の首脳は、その顔色を互いにしっかりと読むだろう。広島サミットの空気を予想すれば、互いに牽制《けんせい》し合う空気を見せず、国際セレモニームードの一色になる。案外、英米首脳の会話次第で笑顔が拡散するかもしれないという、空気の流れを期待していた。

ホスト国の日本国と岸田氏としては、最後の演出をしなければいけない。

従ってここからが本舞台である。ロシアのプーチン氏がそんなタイミングで、カーテンの裏から突然現れて握手をすればよいという、筆者の安易な構想であったが、この予想は全く外れてしまった。

今後に予想される第三次世界大戦に対する『死してなお、昼将軍、安倍晋三』と巷間の新聞紙上にいわれている、日本の一大政治家・先輩総理大臣に臆《おく》することなく、本物の日本国総理大臣になり切ろう。プーチンの眼光も鋭く光るロシアの体当たり作戦。第一次、第二次世界大戦の再現か。期待と不安の入交《いりま》じり、日本は絶対避けたい第三次世界大戦。

舞台を少しアメリカに戻してみよう。振り返れば、総理大臣岸田文雄は、今、世界に外遊して、G7国家の来日予定の首脳陣と個別に会談を終え、このあとは最終の予定訪問国、米国大統領、ジョセフ・バイデンと、密で、中身のある成果を期待して顔を見合わせた。互いに「了解」と「承諾」を執り合おうとしての初対面は穏やかなり。

遠目ながら微笑みを浮かべて双方の主役は近寄っていた。

岸田総理にすれば二度とない緊張ではあるが、満面の笑みでの対面劇は始まった。初外交のような空気でタラップを降りてきた。まるで初出勤の新人社長さんの如くにある。この笑顔は、本来的には、今は亡き「シンゾウ・アベ」の登場する舞台であったが、日本史のページは、既に一枚、繰《く》られている。七年八ヶ月の最長キャリアを数えた「安倍晋三」は既に「額《がく》」の中。

二〇二二年の末に、岸田総理大臣は、てんやわんやの舞台をなんとか処理してここまできた。その中に国家防衛予算の承認をさせて、それを手土産にバイデン大統領に会談を申し入れた、最高の準備を土産にして。この手土産は四三兆円の国防予算（二〇二三年度から五年間）の確保と共同防衛の日本国憲法の条文解釈の壁を乗り越えてきた経緯の説明である。これで日米同盟の更なる強化と実行、また米国をその気にさせた瞬間の当事者である。この岸田文雄総理の握手と行動は歴史に残る一幕でもある。

一見するに日米同盟の強化であるが、その実態は「国家安全保障戦略等」の中身を互いに確認し、「反撃能力の保有を含む防衛力の抜本的強化及び防衛予算の相当の増額」を実行していく旨を述べ、互いに「軌《き》を一《いつ》」（作戦行動をひとつ）にしていることを確認した。米国大統領から歓迎の意を表し、ジョセフ・バイデンは歓迎の言葉として、『あなたは真の友達だ』と笑み返して快諾をした。

この一言は、日本国はアメリカ合衆国の「五十一番目の州」であると公認させたことと、同様な立場の説明である。バイデンは国防と経済（日本式戦闘機等、武器の生産）は互いに強度な協調性を持って、今日《こんにち》以後は、歩調を共にするという一大発表の一幕である。この岸田総理大臣の顔面笑《え》み、はしゃぎ過ぎの姿に、国民と一部の評論家は苦言を呈したが、隣国の習近平主席はその姿（岸田検討使）をどう見たであろう。

この会談は、日米同盟の強化・相互の協力体制であるが、日本国が隣接する社会主義を国体とする国家（中国、北鮮）の影響と、日本国の国体が赤色化する、防御の先端地域であり、加えて、隣国攻防戦エリアの第一戦の「弾除《たまよ》け先頭隊」の役を、背負わされたようなものである。「岸田総理の腰は軽過ぎる」との酷評する声が、翌日の新聞紙上を騒がせた。そこまで言い切れる心配は、国会議論を乗り越えてきた、「安倍晋三の遺言《ゆいごん》」を軽い一言《ひとこと》で下したのはその評論家たちであろう。メディアはなんでも反論すればよいというネタ集め役である。もしこの行動をシンゾウ・アベ氏がしていたら、紙面はまた別の表情を見せたであろう。どちらに信憑性《しんぴょうせい》があるのか疑わしい。近時の日本の国力はそんな、ひよっ子の評論家が鼻息《はないき》を凝《こ》らして、大《おお》いに主張する程の上位ランクにはいない。

筆者は岸田総理大臣のファンではないが、彼は必ず歴史上に名を遺《のこ》す総理大臣である。腰が軽くても、そうでなくても関係はない。中身があれば岸田文雄は歴史にその名を残すプレイヤーである。一見して、柔和なこの日本の最高プレイヤーの岸田総理を見て「警戒心を抱く相手国の首脳がいようか?」、政治家特有のスマイルと強面《こわもて》の空気はない、この岸田総理の丹平な緊張スマイルは武器になる。恐《こわ》がる諸外国がおかしいのではないか。「聞くことの出来る総理大臣である」、見事なキャッチフレーズ。

日本国を米国の五十一番目の州にした、内閣総理大臣は岸田文雄氏以外に誰もいない。

読者様　拝

目次

はじめに …… 3

第一章　大東亜共栄圏構想の目算とは何だ

第一節　「大東亜共栄圏」という語句を解釈する …… 32
第一項　三国同盟条約の存在 …… 33
第二項　「太平洋戦争」＝「大東亜戦争」 …… 38
第三項　戦地よりも国内事情のあれこれ …… 43
第四項　戦地の事情あれこれ …… 45
第二節　大日本帝国憲法の制定　一八八九年（明治二十二年）二月十一日 …… 49

第一項　大日本帝国憲法　主要例文の抜粋（項）……50
第三節　国家、国体の有り方……55
第一項　日本史学上、「近代史」と「現代史」はどの時代のことか……55
第二項　今そこにあるロシア・ウクライナ戦について……56
第四節　産業革命の功罪……57
第一項　時代を刻む時の流れを知る……57
第二項　時代を予測する英雄たち……66

第二章　日清戦争（大東亜共栄圏構想へのステップその一）

第一節　日本国の近代国家としての実力……77
第二節　日清戦争までの道のり……79
第三節　日清戦争までの清国環境……84
第一項　欧米列強国が狙う中華秩序の市場……84

第二項　「天津・北京条約」とは……89
第三項　甲申《こうしん》事変（朝鮮事変）……95
第四節　日清戦争の結果と恩賞……108
第五節　三国干渉の意義を紐《ひも》解く……112

第三章　日露戦争　一九〇四年（大東亜共栄圏構想へのステップその二）

第一節　日清戦争終戦から十年経過後の日露戦争……120
第一項　日露戦争（一九〇四年二月～一九〇五年九月）……120
第二節　こんな学習チャンスは二度とない……123
第三節　正しく学ぶ大日本帝国の利権と立場……125
第四節　日露戦争が日本国にもたらしたもの……127
第一項　世界の列強国が日本に寄せた道案内……127

第二項　日清戦争も日露戦争も代理戦争……128
第五節　日露戦争の大作戦（日本海大作戦ともいう）……130
第一項　日露戦争の決算報告、日露戦争は大日本帝国の勝ち戦《いくさ》……133
第二項　ポーツマス条約（日露講和条約）……134
第三項　初めての政党内閣　平民宰相、原敬《はらたかし》……137

第四章　第一次世界大戦。他人の腰で相撲手を語る（大東亜共栄圏構想へのステップその三）

第一節　（一九一四年〜一九一八年）の「枠組み」や「輪郭」を知る……140
第一項　第一次世界大戦と戦場の舞台で踊ってしまったか、踊らされていたか……144
第二項　大日本帝国の実績……146
第二節　第一次世界大戦の顛末を学ぶ……148

第一項　日・独の青島戦争の開戦時外交……149
第三節　欧州の一大変化・三つの王朝崩壊、ヨーロッパ秩序激震……154
第一項　第一次世界大戦の第一歩（大東亜共栄圏構想へのステップその四）……156
第二項　国際連盟、発足……157

第五章　満州事変と日中戦争（大東亜共栄圏構想へのステップその五）

第一節　現代の終盤に於ける「世界の断末魔現象」を冷静に分析……165
第二節　満州事変……166
第一項　関東軍の野望と参謀本部作戦課長……166
第二項　石原莞爾と「世界最終戦論」・「東亜連盟」……167
第三節　満州・蒙古は日本の生命線……171
第一項　大日本帝国、松岡特使、国際連盟を脱退、不本意の行動……172

第四節　日中戦争とその成果……173
第一項　日中戦争……173
第二項　日中戦争の相手国の概説……174
第三項　満蒙開拓団の奨励と夢を与える作戦……175

第六章　太平洋戦争＝大東亜戦争（大東亜共栄圏構想へのステップその六）

第一節　東條英機の「戦陣訓」とロシア・プーチンの「最期通達《さいごつうたつ》」に
極限の研究をしよう……200
第二節　大東亜共栄圏構想の経過（大東亜共栄圏構想へのステップその七）……203
第一項　大東亜共栄圏構想の経過と国民の様子について……203
第二項　「共栄圏」住民の生活について……204
第三節　大東亜共栄圏構想の終幕……206

第四節　原爆投下、大日本帝国にもあった原子核爆弾の研究……207
第一項　ドイツ国頼りの「原子爆弾」の研究所、
日本国にもあったことはご存じですか……208

第七章　終戦……大日本帝国の降伏、そして敗戦

第一節　大日本帝国・皇軍敗戦……209
第二節　大日本帝国の敗戦理由について……209
第一項　敗戦の理由……210
第二項　東京大空襲の日……213
第三項　無条件降伏について……214
第四項　天皇機関説……215

第八章　東京裁判

第一節　極東国際軍事裁判 …… 217
第一項　大東亜戦争の英雄たちの証言 …… 218
第二項　大東亜戦争の映雄たちの証言 …… 220

◇『彷徨える日本史』大東亜共栄圏構想（巻末特集）

序説 …… 223

第一章　石原莞爾のひとりごと

第一節　「世界最終戦論争」に見る石原莞爾の理論 …… 225
第一項　石原莞爾の人物像　元陸軍中将の軍歴 …… 232

第二項　満州事変の行動と戦功 …… 233

あとがき …… 235

第一章　大東亜共栄圏構想の目算とは何だ

太平洋戦争下、大日本帝国はそれまでに高圧にしてきた、欧米の帝国主義の支配にアジア民族の同胞として、自由に生活できるような共同生活圏をつくり上げるという建議《けんぎ》の元に、立ち上がった構想である。その建議精神を元に立案を作成し、世界に大日本帝国の構想を説き、皇軍の進行を正当化せんとして、メディアに発表した。

まず構想に基づく、幾つかの計画を実行に移した。成功率を説く前にまず行動ありきにして、「八紘一宇《はっこういちう》」・「アジアの解放」をスローガンとして世界に発声した大日本帝国の断末魔的行動と緻密に計算を建てた目算。これが大日本帝国の大東亜共栄圏構想の基本である。

第一節「大東亜共栄圏」という語句を解釈する

・（この言葉の発祥は何処から出た言葉か筆者は知らなかったから、自習として学習し、ながらの第一節とする。一般的な通説では、この語句は関東地区の私立大学の頭文字から、一部の地域を表す語句として引用されたようである。しかし、「大東亜共栄圏」という語句が一部の地域を説明する政治語句化したのであって、これ以上の拡大解釈は必要ないものと見る）

抑々《そもそも》、この当初、「大東亜共栄圏」という語句は、第二次近衛文麿内閣の松岡洋右《まつおかようすけ》外相が、「当面の外交方針は大東亜共栄圏の確立を図る」という見解を記者会見で発声したのが最初である。その前月の閣議で決定した「基本国策要綱」の記事発表からの発言が最初であり、閣議から出た語句である。出元《でもと》を確認する程ではないが、閣議となれば、近衛文麿内閣としか言いようがない。出自に一九四〇年八月とあるから往時の内閣総理大臣と合致しておりそれでよい。しかし別の資料を参考にすれば、陸軍大臣「東條　英機《とうじょうひでき》案《あん》」ともある。筆者はこの点に関しては「東條英機主催の会議」にて使用されたものという見方で、異論も議論も必要はない。

第一項　三国同盟条約の存在

・（この時、「日・独・伊」、この条約が存在しなかったら、日本国の行動はなかった。この三国同盟の条約がなかったら、その後の日本の国家戦略ができなかったし、戦後の東京裁判のＡ級戦犯と

いう言葉も、飛び交うことはなかったと思う、そこでの日本国の立ち位置を求めれば、今はそれ以上に必要はないと思う）

この松岡洋右の記者会見より、二日後の一九四〇年九月二七日に、日本国は「日・独・伊」の三国同盟条約を締結している。この条約は独・伊と日本がヨーロッパと、アジアでそれぞれ新しい国際秩序を造り、その指導的な地位に立つことを相互に認め、尊重するという条約の締結であった。

「大東亜共栄圏《だいとうあきょうえいけん》」とは、世界の再分割を目指す独・伊の動きと連動して、東アジアから東南アジアの地域を統治し、日本国が盟主となり、政治的・経済的圏域として、ひとつに統合しようとするものであった。しかし、筆者はその意を同盟国のドイツ・イタリアが充分に理解していたかどうかは、疑わしいと思っている。

不謹慎な物言いであるが、この時点で両国（独・伊）が日本国というよりも、アジア人種の「イエロー」に対して、欧州人と同等な評価を与えていたかわからないと思うが読者はどうであろう。この拙本が書店の棚に陳列されるまでには、半年間ほどの猶予がありそれぞれの感想が出てこよう、そこに筆者は期待したい。

この案で進軍するために、飛びついたのは日本国が、総戦力体制を構築する上での絶対必要条件である、三国同盟を足場にして初めてできる議論であった。石原莞爾の評価（ドイツ国留学によれば、この中でもドイツ軍の評価は、突出して高いものであったとの記録、資料の一文にあったらしい。石原莞爾著（『世界最終戦争』・「新書版」毎日ワンズ）

平たく言えば、大日本帝国は、この大東亜共栄圏の地域に埋蔵されている地下資源が、「欲しい」の一言である。この一文はこれからも度々登場させることになる。

日本国の抱いた大望に思いの手が届くために、この構想の「日本国南洋群島・満州国・中国支那」も東アジアを構成する一環と紹介している。

それは全て、大日本帝国の支配下に置くという構想を根拠とした理論。なおこの段階では地域と国名が明確ではなかったようである。確信というほどの一歩ではなかったと思う。この目線を簡易に見立てた、筆者の偏見であろうか。

東條英機の構想案と、一九四二年の構想の段階で現地国の了解は明確に非ずというが、それは英米仏を意識しての早期発表であろうし、日本国の勇み足であった可能性もあろう。この日本国の発想の表向きの姿と、実体はかなり格差がある。この段階では、東南アジアの経済エリアを支配していたのは、欧米の列強が「植民地化」しており、黄色人種たちは欧米人種（主にアングロサクソン系）に食料を本国に送る供給機関であった。そこを我らも理解せねばならない。

「まず、この地区の人種差別をなくし、同じ黄色人種である大日本帝国が、天皇を中心にして、救済し、大東亜共栄圏のアジア人による国家経営に応援し、足らざるところ有れば、即座に補完する」という理念を、謳《うた》い文句にした。正に世界に向かって大宣言をした一幕である。アジアはアジア人の手で結束をして生きるという、新たにこの地域の指導者としての発言であろう。東南アジアの現地住民は、そっくりその勢いを信じて、唯一のアジアの先進国「大日本帝国」の前途に憧れた。当然であろう。我々の先輩の人々は、マッカーサー元帥と米軍兵士のチョコレートとチューインガムに群れたかったらしい。この時代のニュースでよく見た景色と同じであった。

いずれにしても共栄圏構想は「八紘一宇」や「アジアの解放」といったスローガンと共に語られることが多い。目的のすべてが、あらゆる統治・防衛・生産・自給等の確保を目的とすることを基本として、経済的な大日本帝国の自給確保が全ての目標であった。これは三国同盟に便乗した、または先行した、大日本帝国大本営政府連絡会議の確信犯であると言ってよい。そこはしっかりと認識して、押さえよう。

この発表の目標は、日本国の第一歩の目標であり、永久の課題であった資源の確保である。しかし、この構想については実現しなかったことは、読者の皆さんも充分にご存じであろう。そしてこの構想は、目算とは大きく違った足跡を残すこととなった。

「八紘一宇」とは日本国が日中戦争、太平洋戦争でアジアへの侵略を進める為の天皇制の国体である政府が使ったスローガンである、大日本帝国の天皇から訓示された「おことば」として、アジア諸国に進軍ラッパの如く、拡大したであろう。大本営の発表では、関係領土とその陣営では、今後関係するアジアの諸国の人々から、「遍《あまね》く拝礼を受けるに誠に相応しい国家元首の対応として、高い評価を受ける」一言と思ったであろう。日本国を中心にして、共栄圏の仲間を共に慈《いつく》しみ助け合い、地域ごとに拡大しようという言葉が、強く響いた。帝国日本の兵士の胸には取り分けて強く鳴り響いただろう。

この時点では大日本帝国と日本国の国民はこの一時の信念と行動について、深く信じて、進んで我が子を兵隊として送り出していたであろう、初期の段階では。この大本営の発表を一部の国民を除いて、強く信じていたであろうと筆者は思いがしているが、読者はどうであろうか。このあたりが戦後生まれの我らの周囲の物知りが言葉を選んでも、真実を語り、説明し辛《つら》かった一面であろう、今となれば、古老たちの事実と配慮が窺われる。

第二項　「太平洋戦争」＝「大東亜戦争」

・（読者の皆さんにはこの書き出し様に違和感があると思うが、注力して一語、一語を確認されたい。太平洋戦争・大東亜戦争という呼称を時代によって使い分けているという過去の事実を知っておこう、二つの戦争があった訳ではない。筆者は中学生の時には大東亜戦争と学び、高校生の時には太平洋戦争と読んだ）

まずここから入る。昭和一六年（一九四一年）一二月八日から二〇年八月一五日まで、日本と中国・アメリカ・イギリス・オランダなど連合国との間に戦われた戦争。

国際的に見れば第二次世界大戦の一環であり、日本にとっては昭和六年の満州事変以来の対中国侵略戦争（日中戦争）の延長である。

ただし、この戦争に対する当時の日本側の呼び名は「大東亜戦争」であって、開戦二日後の昭和一六年一二月一〇日大本営政府連絡会議が、「今次の対英米戦争及び、今後情勢の推移に伴ひ、生起すること有るべき戦争は志那事変《じへん》（日中戦争の一部）をも含め、大東亜戦争と呼称す」と決定した昭和一六年（十二日閣議決定）に存在する。

歴史用語としては、何ら問題にするところではないが文字に起こして、考えるときに混乱しやすいことに注意しよう。

その範囲と意味について、一二月一二日に内閣情報局は、「大東亜戦争と称するは、大東亜秩序建設を目的とする戦争」なることを意味するものとして、「戦争地域を大東亜のみに限定する意味にあらず」と発表した。

しかし「大東亜戦争」という呼称は「大東亜共栄圏」という虚名を掲げて、アジアに対するもので適当でなく、政府も太平洋戦争という呼称を使った（以下略）、とある。しかし「大東亜共栄圏」という虚名を掲げてアジアに対する侵略戦争を美化しようとするもので適当でなく、占領直後、ＧＨＱの命令で使用を禁止され、政府も太平洋戦争という呼称を正式に使った（中略）と裁判所の記録に残る。ここは筆者も手の届かなかった記録・文書である。これよりも詳細な説明はしないが、この切れ目の時代はスルーされることが多い。

＊第一次大戦の原因は、昭和一二年七月七日の盧溝橋《ろこうきょう》事件に始まる。日中両国間の全面戦争（日中戦争）は、たやすく中国を屈服させ得ると、日本軍は結論を出してしまった。しかし、日本側の政府、軍隊本部の予想に反して、戦況は拡大の一途となった。

この戦争の拡大と長期化は、以後の日本の国内経済に大きな影響を与え、資金・資源・

労働者を不足させることになった。読者はこの時代の日本国内の経済状態を想像しよう。全て、お国のための生活が中心で、武器弾薬の戦費供出となり貧困そのものであった。米《こめ》はなく麦雑炊《ぞうすい》・芋粥《いもがゆ》の国民生活であった。

その時代の世界の流れを辿《たど》る。昭和一四年九月ドイツのポーランド侵攻をきっかけにして、イギリス・フランスとドイツとの間で第二次世界大戦が始まった。欧州はドイツが先行して成果を上げたため、イギリス・フランスの欧州勢のアジア地区の植民地政策が管理不足になるという予想をした日本軍は、仏領インドシナ・蘭領インドネシア・英領マレーシアなどの東南アジアを便乗的な占領（日独伊の三国同盟に基づく行動）をし、一方でドイツの勝利戦況に敬意を払い親交を図った。ここでの大日本帝国と軍部の行動がその後の政府の行方と対策に、強気と野望とが入り混じり、判断を曇らせる二つの油断の原因となった。

※その原因のひとつ目は、ドイツの欧州における圧倒的である。その後、戦況の分析では、ドイツの戦争はしばらく、欧州に滞在させられるという判断。

日本国の大東亜共栄圏構想に合致する地域構想中心である東南アジア戦略が、明確になってきたという自信（侵略目標と作戦）がより具体的になった。

ここからの先は朝鮮半島を足場にして、日清・日露に連勝した戦争の結果で、以後の東南アジア地域を大日本帝国の支配下領地として掌握したと、「過信した」ことで、その後の侵攻に油断が出た。
※その原因のふたつ目、日本が掲げた大東亜共栄圏とは太平洋戦争で東南アジアを占領した時に、その目的として「大東亜共栄圏」の建設を具体的に掲げられた。
大東亜とは東アジアから東南アジアにかけての一帯を指す。東條英機総理大臣はこの地域は資源が豊富であるのに、地域島民は英国や米国に資源を搾《しぼ》り取られており、文化の発展も阻害されていた。日本を中心とした「同義に基づく共存共栄の秩序を確立」するという基本理念を周囲国に断言をした。これは所謂《いわゆる》、世界の列強に向かって「宣戦布告」をしたようなものである。注意しよう。この時点で世界に宣言することに大きな不安があったことである。この大日本帝国の大本営の方針に対して、異論はなかったであろうし、あってもその不安が表面化することはないであろうという過信。臭いものには蓋をしろの例えあり。

大日本帝国の大本営も「大東亜共栄圏」構想というアジア諸国に対して、日本の天皇を「一宇」に頂いてアジアの唯一の列強国である「大日本帝国」が総力を挙げて参加するという、大義名分を掲げることができるという、確信と欧米列強国の妨害。

ここに至るまでの東條英機の構想が具体的に、筋書きができたということになったが、それまでは具体的な確証案でなかったということが透けて見える。このような物言いは、よくないが管見・浅学を承知で筆者は文字にする。この流れが、「アジアの経済はアジアの人たちの手で平等に造り上げる」という立案に、自らが過信したことである。これを国家方針とし世界の世論を押し切れると思い込んだのが大きな油断である。

※一方、聞き手のアジアの人々はどう受け止めたであろうか。

第二次世界大戦、開戦直後、日本が占領したオランダ領東インド（現在のインドネシア）のある住民は、日本国軍隊がオランダ政府に代わりインドネシアの開発にあたり、日本国と同じような統治下で、日本人と同様な経済と生活ができると約束し、「日本国とインドネシアと共に栄える生活圏を創生する」と大号令。

大日本帝国を信じて共同社会圏の実現を煽《あお》り立てた。煽り立てるとはあまり正しい表現とは言えないが、それが実態であったであろう。先人たちの苦労もわからないでもないが、バカヤロー（馬鹿野郎）の叱責で、村中の農作民たちは納屋の陰に逃げ隠れたことであろう。

第三項　戦地よりも国内事情のあれこれ

・（日本国の国内事情は、日清戦争以後、事態は好転するという日本国民の期待が外れ、国産の石油、石炭の不足は予想の範囲であったが、一度、日清戦争で国家も国民も勝利国のその味を忘れられない。お国のために、農機具や食卓の鍋《なべ》、釜《かま》も食料のコメも戦時需要。お国のためにはなんでも供出するのが、銃後の国内に生活する日本人の全てから、全て回収されていった。金目のものはなにもない）

ここで日本国の本音としては、自国の事情が最優先であった。東南アジアに軍隊を進行させたのは、石油や鉱物などの資源獲得が第一目的であった。しかし、現地住民との軋轢抗争を避けるために、現地での早急な資源開発や現地住民との交流に注力をさせたとある（大本営政府連絡会議「南方占領地行政実施要領」）。

※　国内事情　あれこれ　1

ここに一文を示したが、大東亜共栄圏構想の戦地も大変であった。日本国内の経済状態も大変であったことは知っておこう。軍人・兵隊さんも、日々の三食が怪しいが、日本国の、銃後の「神民《かみのたみ》たち」の生活状況も、想像を遥かに超える貧困であったと想像されたい。

※　国内事情　あれこれ　2

国内の中小企業の経営も閉店《みせじまい》が連続し、それによる夜逃げ、盗難は普通の出来事であると新聞記事。

こんな国内事情であるが、命を懸けた兵隊さんの「出征」は町内、みんなで「万歳、万歳」の三唱、連呼で町長・村長さんたちのお見送り。この姿が貧困であり、「大東亜共栄圏構想」を即座に実現しないと、いずれも、何処でも下部《しもべ》は破綻状態である。その上に建てられた、資源目当ての「大東亜共栄圏」の構想であったことを、日本人は深く、強く理解しよう。

この時代（筆者の青春時代、昭和）の後に続く、「平成・令和」の時代も、オリンピックもわからない。それもこれも、何もかくも全く、想像もつかない時に、国土を挙げて、構想した共栄圏の設立であったことの事実だけは、読者も知っておかれたい。

これより先は単なる歴史上、学問上、学習のために必要な知りおくべき案件のひとつである。当時の兵隊さんも大変であった。

第四項　戦地の事情あれこれ

・（ここに記載するようなことは、殆ど事実であろう。しかも日々起こる町内、農村での事件数から見れば、極わずかであろう。日本軍の上官に見つかれば、兵隊さんは袖の下で、もみ消して互いに知らん顔）

ややオーバーな表現かもしれないが、蛙や蛇は極上な食い物、カラスは鶏肉の上の品。ここらあたりは忘れてはいけない。

※　戦地事情あれこれ　1

「共栄圏構想」の共存・共栄をかけた現地住民を皇軍の司令官は「土民《どみん》」と呼んだ。そしてその「土民」が日本国の意図する行動から外れた時は、「バケロー（馬鹿野郎）」と言って頭を叩いた。インドシナの生活習慣では、「頭《あたま》は神《かみ》が宿るところで、神聖な箇所」であるということを、全く理解していなかった日本軍。憲兵隊の取り締まりは厳しかったようである。所謂《いわゆる》、アメと鞭《むち》の使い分けであるが、他方でコレラの風土病も流行《はや》り、五、六人の土民が固まって死んでいったと現地の世情を説明している。これは原住民に限らず、日本人の兵隊も同様な生活（貧困）であったともある。

世界各地の戦局が悪くなると同時に、「死」ということが自然の結果となり、成り行きであったこと。これを見て読者は過去の人間・人類だけの失態と観てはいけない。

支配する方が、支配される生き物を普通に殺す行動は、往時の戦地では平等の行動であることを忘れてはいけない。「戦争」と「残酷」という言葉は連語であり、日本軍の兵隊と現地の住民の抗争、反乱は頻繁に起こった「土民《どみん》」と同様である。

東南アジアのここでは、往時、こんな事件は普通の生活な状態であり、これ以上はそこに触れないでおきたい。筆者もここで書き止めるのは姑息であることを認めるが、明るく元気に議論のできる場面ではない。

※　戦地事情あれこれ　2

マラリアで日本兵も現地人も大病で「バタバタと死んだ」、大事な共栄圏の同僚を大切に扱うという指令もなかったであろう。既に、このアジア東南部での行動は、不安定な活動状況であった。日常の茶飯事であると推測される。

現地住民の「土民《どみん》」たちを教育して、うまく使用人にするという前提の「上位下達」ではなく、軍令と同じで一方通行であったように書かれているが、軍人が伝達すれば中身の伝聞は、軍令化しても致し方ないと思う。あまり事実の内容を聞かない話であるが、「大東亜共栄圏構想」を信じて損なわれた心情の、日本人も少なくない存在で確認されている。

※　国内事情でもあるし、戦地事情でもある　3

大東亜共栄圏の構想を信じて、日本国内の一般人が、手持ちの金と財産を売り払い、世帯を整理して、東南アジアに於いて宝の山を探し当てるという、出稼ぎを目論んだひとも少なくないらしく、信じられない話だが、嫁を質屋に預けて金山開発を目当てに褌《ふんどし》姿《すがた》で海を渡った人足《にんそく》もいたという話も聞かされた。講釈師の常技《つねわざ》かもしれない。

＊そこの記録を見聞する人は多くない。そこについて、一文触れておくことにする。

日本の軍人や東南アジアに進出した企業人にも「大東亜共栄圏」の理想を信じた人たちもそれなりに多くいた。

日本国の敷いた企業の計画路線に賛同して一攫千金《いっかく》の夢のドリームプランに投資した豪商は、御用商人模様の企業も多い。ここらの話は本物であろう。会社名は表記できないが、現在は大手の商社となってそれなりの実績は残している。

日本の敗戦で、東南アジア諸国の統治は、旧宗主国の元に帰属した。期待の卵は多くは孵化《ふか》しなかった。

この章の大東亜共栄圏の解説は長くなってしまった。それはこの事件の内容を語る資料は沢山あるが、その時代の「天皇制」という国家の実態があり、遜色《そんしょく》・非難《ひなん》はつけられない。

しかし全編とは言わないが、「負け戦《いくさ》」を正当化する文書があり、日本人はまじめで、人がよいから騙されやすいという補足が付けられる説明も多くある。

その資料を各分野の学者が、色々な解説を学習本の一部として書入れ、功績を積まれた先人も大勢いる。その功績も高いが、何処《どこ》かに無理があるような文説が気になる。

しかし、戦争は負けると勝つとでは、景色が全く変わってくる。これは浅学素人の意見であるから、感想として更に一文触れておきたい。

＊この時代の扱う内容を許される範囲内において辿ってみる。

日本人の国民性は潔癖なところが多く、正面から革新的に解釈しようとされている意図はそれなりに理解できるが、真相に迫れば迫るほど、その矛先と内容が、現存する誰かの、結果と行動を責めることにもなる。国家の戦闘行動は野心がある。それが全て悪いという学説・表現も得心できない。人類の野心と闘争を認め、それをスポーツ競技に転嫁して、世界の平和と社会を築こうという精神構造も、かなり血走った話の様にも見える。

＊例えば天皇制については国家の制度であり、一般の読者には解読され難い。プーチンとゼレンスキーの討論会があったとしても、その両者の意見のどこに真実があるのか、一般知識くらいで我々は真実に到達し、判別できるのか。戦争案件が関連する国が多くになれ

ば、尚更、事実・真実は地下に姿を隠す。

巷の公論は多数あっても、後世にあってロシア国立博物館に真実が陳列されようか。米国のスミソニアン博物館にある情報は一定の期間（三〇年間）が過ぎれば解放されるという、仕組みもある。日本もそうあるべきと思うが、筆者の準備が全くできていないから、秘文書を頂戴しても宝の持ち腐れというものであろう（国立公文書館扱いの資料に於いては、日本国にも三十年規則の適用もあり）。

歴史学は登場人物に対する好き嫌いが、かなり大きな判断の基準になってしまい易い。プーチンファンとゼレンスキーファンの声の大小で国民カラーが決まって来る。読者は如何に思われようか。素人の発想であるからその部分に於いては必読のところではない。

第二節　大日本帝国憲法の制定　一八八九年（明治二十二年）二月十一日

・（この憲法の発布は日本国で初めての憲法であり、東アジア初の近代憲法である。最初の立憲民主政府が先に成立しており天皇が着座しても、国会や憲法が制定されていなかったという背景を知っておく。天皇が時の総理大臣の黒田《くろだ》清隆《きよたか》に授《さず》ける形で発布された、紀元節《きげんせつ》の日〈二月一一日〉に。
この第一節の流れの経緯は知っておきたい）

今ここに唐突に登場させた、大日本帝国憲法であるが、本書の以後の展開を見ると、大東亜共栄圏の国家・国民の扱いを、帝国の国民として、同等の権利と義務を付与するということになる。そこを理解しないといけない。

少し、手荒い説明になるが、共栄圏構想のお題目である。この点においてそれ以後の日本国の行動は「言行一致」であったかを、我らも日本人として理解しないと、全く彷徨った日本国の歴史になってしまう。我らが学習する視点は、共栄圏構想が成功した時、そして失敗をした時の最大の善処対応ができたかを、学習の対象とされたい。

第一項　大日本帝国憲法　主要例文の抜粋（項）

第一条、大日本帝国ハ万世一系《ばんせいいっけい》ノ天皇之ヲ統治ス
第三条、天皇ハ神聖《しんせい》ニシテ侵《おか》スベカラズ
第六条、天皇ハ法律ヲ裁可《さいか》シ其ノ公布及執行《しっこう》ヲ命ス
第一一条、天皇ハ陸海軍《りくかいぐん》ヲ統帥《とうすい》ス（注、この時代には空軍は陸・海軍に所属する）
第一三条、天皇ハ戦《たたかい》ヲ宣《せん》シ和《わ》ヲ講シ及ビ諸般《しょはん》ノ条約ヲ締結ス
第二二条、日本臣民《しんみん》ハ法律ノ範囲内ニ於テ居住及ビ移転ノ自由ヲ有ス

第二六条、日本臣民《しんみん》ハ法律ノ定メタル場合ヲ除ク外信書《がいしんしょ》ノ秘密ヲ侵《おか》サルルコトナシ
＊大日本帝国憲法には緊急勅令の発布や議会の招集・解散、陸海軍の統帥など天皇に強大な権力が定められており、天皇の無制限な権限行使が可能とされている。

ここで、筆者が大日本帝国の憲法を用意したのは大東亜共栄圏の住民となる将来の領民に、日本人と同じ大日本帝国の「国民」としての取り扱いであり、「土民」ではない内地の日本国民と同様な扱いをせんとする意を知りおくことは、大変な国体の変更に相当するものと筆者は判断する。

大日本帝国の心意気を、現代の読者に理解されたく書き込み掲載したが、ここでも筆者の他意はない。他意はなくても大きく事態は跳ねる。一方で大日本帝国憲法には、国民は臣民《しんみん》（又は神民《しんみん》）として位置づけられ、臣民の権利として、法の範囲での言論の自由や出版の自由などが認められていた。ここについて、現実は自由であったかその度合いはどうかわからない。しかし、第一次・第二次世界大戦まで一定の枠はあれども自由が認められていたことを、押さえておかねば、風紀法令を取り締まる憲兵の存在が理解できないであろう。

肝心なところで、全く、自由な権利などはなく唯、戦争、兵役に狩り出され、遥か南方

や、大陸・海洋で、死に行くを待つ、銃後の婦人や子たちの存在と悲痛が、世界大戦の時代の常識とされていた。

この一点の知識だけでも知りおいたら、戦時体制の空気は読者にとって、理解されやすいであろう。ここらあたりの解釈は、大日本帝国の独自の解釈というよりは、「戦争」という国家の行動は国民兵士にとっては、当然の成り行きであったということを知らせておきたいための筆意である。

ロシア・ウクライナ戦も一方の立場から見れば、必然性の一部でもあったとみるべきであるが、若し、勝利の確信と国家・国民に正当性が語られなければ、ロシア軍の兵士は全く活かされていない。まもなく内乱も予想されよう。

＊「産業革命と富国強兵政策」は必然的とは言えないが、世界の国家と国民を戦火に巻き込んでしまった歴史が残されてきた。この成り行きを受け止めない国家（戦争放棄、軍備反対）は、後世の国民がより良い幸福と生涯が約束されたか、そこは筆者も断言できることではないが、読者の地域層・年齢層の自覚で捉えておかれたい。

しかし戦争という国家の暴動行為は、その国の文化を継続させることによって、近隣の国家を侵略するという近道を選択しやすい。

この近道という行動をとった時には、「以後その祝賀は異種の宗教祭につき祝賀をすることならずの令」。これなどの事例は宗教の強制改宗である。「隠れキリシタン」などの悲惨な結果を招く選択となり、勝者があれば敗者もある。大東亜共栄圏の構想と真実は、その時代に関わる人たちが、無暗《むやみ》に交戦して楽しんだ訳ではないことは、誰もが周知なことである。どの国の国民でも、そこで計測を計り間違えた場合は、それなりの苦難な環境が待ち構えているであろう。

日本国の過去の戦歴は、現時点の我々が非難するだけでは刹那の経験に学ぶれども、歴史に学ぶという程のことにもならない。

＊プーチン大統領は何処に目測を置いて、攻撃の指令を発したのか、誰もわからない。

このままではロシア社会主義連邦の存続に、危険を感じたのであろうと推測するが、この国の事実をどのようにして帳尻合わせするだろうか、なお筆者にはわからない。帳尻合わせができるであろうことであっても、世界がプーチン大統領にそのチャンスを与えるであろうか、加えて筆者もそこがわからない。筆者は率直に疑問しか残らない。国際刑事裁判所（ＩＣＣ）は既にプーチン大統領に「出頭命令」を要請しているらしいが「その意思はない」とロシア政府は回答したと表明している。

日本史に戻って考えてみても、大日本帝国の帳尻合わせはできたのであろうか。大東亜共栄圏という呼称は公認されてはいない。終戦後の東京裁判でのA級戦犯処理はされているから、それなりの裁量・裁定はあったと解釈するべきであろう。

世界の各地で戦闘をしてきたご先祖様に「あなたは大日本帝国の国民であり立派な兵士でしたよ、土民ではなかったですよ！」と。

そして今、世界の何処かで国土も家族も、忘れられてしまった日本国軍人もいよう。インパール攻撃では現地（インド国）により救われそのままインド人として、世帯を持てた元日本国の軍人の姿もあった。それが歴史的な事実でもあったと言われている。この一文は少し、歴史学という範疇《はんちゅう》を逸脱《いつだつ》したような内容にしてしまった。

ロシアもウクライナの国民も残念であろう。現在の戦況の行方は見えない。日本国の、天皇が定めて国民に与えるという経過など、一見して民主主義の態様と離れるが、このような天皇が下した法を「欽定憲法《きんていけんぽう》」と呼び、永代に続く、法律の基本であるといわれる。先々《さきざき》に於いて、安易に改正・改定を予想させる憲法ではない。「欽定憲法」が改正されることになれば「国体」が変わるであろう。しかし同様な基本法が日本国以外に存在するかどうかは知らないが、ここでの学習では、日本国の憲法について思考していく。

第三節　国家、国体の有り方

・（国体という言葉はわかりにくい。何処をどう捉えれば理解したことになろうか、読者と共に学ぶことにする。案外その国家にとって運営しやすいやり方という事かもしれないが、今からそこに触れよう）

＊国体とは国家の状態、国柄《くにがら》、国の根本体制《こんぽんたいせい》。主権の所在によって区別される国家の形態の事とあるが、わかりそうであっても概念だけでは、率直に読者から問われた場合、筆者は上手く説明できない。それは自分が予《かね》てより、国家と個人の接点について考えたことがないことに原因する。これからの文例をもって都度《つど》、学習することになるようにとしたい。

第一項　日本史学上、「近代史」と「現代史」はどの時代のことか

・（文中にこの分轄定義について、案外、何となくわかりそうでわかっていないような気がするため、度々そこに触れるが、充分な読者は例によって流し目とされたい）

☆豆知識を拾おう。

日本の「近代史」とは、封建時代の最後の士族といわれた、徳川幕府の第十五代将軍・

徳川慶喜《よしのぶ》が、日本国の大政権を明治天皇に奉還《ほうかん》した時から、明治政府（一八六八年）が開設、権力と統治権が代わった。この明治維新の大日本帝国憲法に基づいた時代から、第二次世界大戦に敗れた「一九四五年」までの歴史を「近代史」といい、その敗戦時の近代から今日に至る年間（例示・オミクロン、コロナ旋風・安倍晋三殺害事件・自由民主党・岸《きし》田《だ》文雄《ふみお》第一〇一代総理大臣案件等）あたりの現在の出来事・案件が「現代史」として綴られる。案外、そこを区別されない講義もある。

第二項　今そこにあるロシア・ウクライナ戦について

この歴史学上の時代区別は色々な区分けが存在し、どこかの国の歴史学と合一されることはない。もし合一されることがあるとすれば、吸収する国と、される国の歴史学的案件が修正されるか、抹消されてしまうことになろう。

第一次・第二次世界大戦の後処理がこんな事例が多い様に資料にある。そこの住民が知らないにもかかわらず、政権が代わり、過去にあった事件がなく名前と主役が代わっていたといったことは、それほどの珍事でも変事ではない。

しかしそんな具体的な事例を筆者は知らないが、ロシア×ウクライナ戦争が終了した時には、その国名が何処かの国に吸収されるかもしれない。その時は吸収される方の国の都合の良い歴史の流れが、創作されてゆくことになるであろう。我らもその事実を見聞しておけば、何かがわかる。確かに連邦とか共和国の同体組織に加入する時に、それなりの調整がありうるかもしれない。弱い体質側の宗教などは、密教として対応されることになろう。

第四節　産業革命の功罪

・（産業革命はヨーロッパの諸国を中心に、石炭資源を使い、熟したヨーロピアン文化の拡大したことが勝利であるが、やがて世界を席巻して他国に向かって君臨した。産業革命は貧富の差の必然的な原則である。格差の発生は資本主義の原動力であることを理解しないと、結果の平等を訓《おしえ》とする、社会主義・共産主義に期待する民族に、歩幅を合わせる国体の支持者になる可能性が高い。ここでは資本主義と社会主義のどちらが頂点に近くて必然、優勢ということではない。そこを具体的に想像して進まれたい。ここで理解できる読者という立場から、漏れてはいけない。しっかりと学ぼう）

第一項　時代を刻む時の流れを知る

＊日本国の歴史学では混同されている読者が多い。

① 近世時代とは安土桃山時代〜江戸時代をいう。一五七三年の安土桃山時代に始まり一五七三年〜一八六八年の江戸幕府の終わりまでのおよそ三〇〇年を指す。
織田信長・豊臣秀吉の戦国時代を更に加えて、近世というが、異説学者もあり。
② 近代とは近世時代の後を表す歴史用語。明治天皇と一八六八年明治政府の解説〜大日本帝国が昭和の敗戦を認めた敗戦日までを近代という。歴史用語の「近世」と「近代」を区別して捉えよう、それでよい。
③ 大日本帝国が敗戦を認めた日から、今、現在の日までの社会事象・現象を捉えて、「現代史」の範疇として掲示・掲載する。異説あるも現在に於いては、討論の余地はなし。「一世紀」とは一〇〇年単位の歴史事象の把握である。従って一〇〇年、未満の時代に起きた歴史案件は、前後の時代に吸収されたついでの表現になろう。「世＝一〇〇年」を下まわる単位の日頃の歴史事象の把握と研究であり、それ以上の検討をする必要はやはりここでもない。今日の歴史学の捉え方は、「近代《きんだい》」歴史学＝（明治・大正・昭和二〇年八月一五日の終戦日まで）。「現代歴史学」は昭和二〇年八月一六日の終戦日の翌日時代から始まって、江戸、安土桃山時代、そして室町、鎌倉、平安まで遡った学習であり、ワンストップタイムであることを知っておかれたい。ダメ押しに近いが、「近世」歴史学と「近代」歴

史学を混同されてはいけないが、この区分は歴史学の理解を、わかり易くする手段であり、ここに拘りなく理解できればそれでよい。

④　江戸時代は徳川政権が二六〇年という安定期間を整えた。日本国の周囲は海洋であり、その事情は認知していたが、徳川幕府は国内主義（完全鎖国ではないが、平気で完全鎖国の様に語る教養者も少なくない）。長崎の唐人町を経由した文化による、日本国の目覚めは大きいし、長崎通詞《ながさきつうじ》（通訳）の役位の評価も高かった。長崎の出島に限り門戸を開き、南蛮文化が九州に限り留まる、この差を知ろう。著名な大学の試験に出題されたことがある。長崎通詞や蘭学医は役人を超える扱いであったことは、知識とされたい。

もし、その時代に徳川幕府が門戸を完全に開いていたら、それ以後の日本国は植民地化して、外国船が日本国を取り巻き、世界の歴史も大きく変化したであろう。

ここで筆者は「近代史」に戻る。一八世紀半ばから一九世紀後半にかけて起こった一連の産業の変革と、それにともなう社会構造の変革の総称を日本史でも「産業革命」という。鎖国鹿鳴館時代・モダン外交、産業革命は往時の三点セットとして捉え置かれた。

☆ここで案外、知られていないこぼれ話

長崎唐人屋敷は中国貿易関係者、その他の宿舎であった。船員の中には唐人の船乗りの宿はなかった。これは外交問題のようでも全く問題はない。この時代は日明貿易であり、唐船の乗組員は韓国人であっても中国人の船員扱いとしてパス。しかし宿舎扱いのレベルは中国人とは別棟であった。これは中国と朝鮮国の二国の問題で時の徳川幕府は問題視していなかった。中国と朝鮮は朝貢の関係であったことを思いだそう。

イギリスの石炭鉱業を中心とした、工場生産時の術に端を発し、農業中心であった国家産業を工業製品中心の大量生産に切り替えた。後にマニュファクチュア（工場制手工業）といわれる発端であった。それまでの世界の生産の手段はすべて手作業《てさぎょう》中心の形態で、狩猟、漁業、農業中心の家内手作業で家族の生活を満たすことが目的であった。豊漁で家族の食糧よりも多くとれた時は、村落内《そんらくない》で物々交換をするという一世帯が基準になる、文化歴史の初代歴史観と捉えよう。村の人口が増えるようになった時に、それぞれの得意とする業で、家族一団も集合作業により、他家・仲間の生産まで手を伸ばしたのが始まりで、広場に工場を建て、石炭による蒸気を起動の力とした。イギリスが大英帝国と呼ばれるようになる発端である。すぐさま真似のできる国家やリーダーのいた国は、海洋に出て世界の国家と民族を相手に、膨大な利益を蓄《たくわ》えた。

やがてイギリスの行動を見習ったヨーロッパの国家と民族は、知恵と金財貨を代償にして、各地に植民地を設定し英国の仲間であり、完全従属の関係を維持し、文化の分け前を与えた。今は亡きエリザベス女王やイギリスのロイヤルファミリーの存在を確認させ、君臨させることに成功した。この行動はキリスト教の布教と商業地域の販路の拡大である。日本国界隈《かいわい》に、そんな外国勢が十八世紀から十九世紀にかけて、近隣の沿海《えんかい》に現れた。特に日本海には各種多数の鯨が回遊して、鯨油を目的とした漁業基地の群島とされた。

日本も産業革命の「功」と「罪」が廻ってきたが、明治以降の所謂《いわゆる》、近代の「鹿鳴館時代」からは日本も「富国強兵」政策を完結させるために、欧米先進国の手法を参考にした。明治六年、多勢の人数による遣欧《けんおう》使節団の派遣は、「明治六年政変」の一部である。このあたりは『彷徨える日本史』シリーズの第四弾、「西郷の〝英雄像〟を解体する」に詳細を留めて、書き込んでいるのでご案内しておきたい。

何処の国であっても富国強兵は目指すが、国家や軍部には貢献することを、第一の目標とする。そして、この時代の戦争は、止まることを知らない「軍国主義」が先行する。この状態は全てにおいて「侵略戦争」の拡大であるが、この公認された人殺しという「戦争」行為は、勝っても負けても一度だけの合戦に終わることは少ない。勝ち・負けはどちらかの方に傾《かたむ》けど、また戦争をする理由が相互にできる。

露国《ロシア》×宇国《ウクライナ》のにらみ合いは、今後も火花を噴火させることにもなろう。
それにしても死者が多過ぎる。

産業革命を仕上げた国家は、貿易開港を理由に戦争を仕掛ける。江戸期、浦賀に軍艦を寄せたペリーの来航もその種類の植民地狙いであった。一見するだけでは、産業革命は貧富の差を拡大するだけであり、必ずしも良かれといった理論ばかりではなかった。

しかし国家単位で考えると産業革命は必要であろう。戦争の結果が必ずしも、前進できる国家ばかりではない。誰にも平等な結果が得られることはない。競争である。

ここでひと言、筆者は拘りたい。平等という考え方には「結果の平等分配」と「機会・手段の公平配分」とがあるが、その国家・国民によって、教育と文化、政治によって異なる基準ができる。これが国体の違いという説明である。

従ってどの国においても、自国の躍進が感じられず、停滞してきたと感じる国政の代表者は、「産業革命・富国強兵」という国是の実現を目指す。そして新たにランクアップで飛びあがるような結果を期待する。近代兵器を開発して作戦を立てよう。核爆弾を更に改良して、宇宙戦争の域に出る。

ここに理屈と各自の欲望を付けた戦争が始まる。これを「侵略戦争」というが「経済戦争」ともいう。悪意のない経済の戦争如き行動でも、死人は出る。拙速であるが、富国強兵の作戦が仇となり、必然的に一握りの裕福民と多数の貧相民の対立を招くことになりやすい。また一方で被植民地国家とその民族は働いて、働いて、日々の食料がやっと得られるようになるが、その頃には、文化という香りを持つまでに大量の血と命の交換、略奪が頻発することになる。

長い戦争の歴史は終わり、我が日本史学上は、この敗戦の機会を以ってやがて、第二次世界大戦（一九四五年）が終わり、今日に至るまでの約八〇年間までを、「現代史」といい、明治維新（一八六八～）から第二次世界大戦の終戦前までを、「近代史」という。一方で日本以外に主たる国家の歴史的解釈は第一次世界大戦（一九一八年）が終わってから、今日までを現代史として見ている。

ここは読者も一般知識として押さえねばいけない。この説明を、読者の皆さんは理解できるであろうか。ここらで混乱して理解が進まない読者は、面倒でも第四節の文頭まで戻られたい。近・現代の歴史は項目としての数が多い。それだけ時代の変化が激しいということである。いま世界の秩序は米国経済、自由主義国を中心にした国際秩序がある。読者はここを否定してはいけない。これからの色々な国際秩序が代わる。戦争を起こさないと、金が金を呼ぶ経済の秩序は替わり難い。そこを変えたい国家と民族が各地から台頭してくる。

この世界大戦という尺度は世界的、自然的な社会学の尺度である。世界の大国・経済国が好むと好まざると戦火を浴びる。其の戦争当事者国も近隣国も死人と紛争の損失と被害が出る。終戦後、利権を分け合う。その残された結果で新しい国家体制と経済と国際秩序の仕組みが出来上がる。

ロシアの戦後（対ウクライナ戦）処理の仕方をみて学習しよう。よくも悪くも、これ程、学習できる機会はそんなにない。こんな紛争の間に分け入った仲介者の力量にもよるが、どの国の誰が仲介者になるか、世界中が目を皿にする。その時の勝ち組は、大きな国家に拡大し造り上げ、負け組は縮小計画の小勢で土俵を組むしかない。これが大戦争後のハンドリングであろう。しかし、日本以外の時代区分はそれぞれに異なる見識があり、各自の見立てに差があるが、しかしそれが各自・各国の問題が発生するところではない。そこに拘り過ぎると歴史問題は混沌として着地が見えない、彷徨うことになる。

国家や一族の時の支配者は大きな野望を満たす為に自国の軍隊を進めるが、必ずしもその期待する方角には進めない。それでも支配者は自分の作戦不備であるとの責任を持つとは思えないし、認めない。今の西側諸国のつながり（日本国の場合）は、大国からの同盟、安全保障体制の約定である場合が多いし、専守防衛型の弱体国家体質である植民地型の文化国家。

日本国はこの利点を活かして、スクラムを今、組まねば（米国などと）発車の機会を無くす。もし傍観すれば中国・台湾・日本の行動しだいで沖縄の様子が一変するであろうし、日本国が自国の防衛に立ち上がらねば、独立国としての権威が失われる。

もし、事ここに至れば、空気は第三次世界大戦に及びかねない。こんな状態を観てプーチン・ロシアと中国・習近平が歩を寄せかねない。この空気感だけでも、観測気球は予測と結果の姿を変える。この流れの中に、合流したのは日本の総理大臣岸田文雄である。この処理は何処も間違った一歩ではない。野心が見えない存在感のない空気がよい。歴史学の立場で見よう。政治学は我らの専門外の分野であるから、少し控得目《ひかえめ》にして歴史学の舞台に戻る。知識の整理をして、今一度、確認をしておきたい。

第二項　時代を予測する英雄たち

☆おもしろい話　その㈠

大東亜共栄圏という構想は、大日本帝国の「将来に迫る一億の臣民」の将来に備えて、必要な資源の確保が急務であった。(国内企業の実態を大きく評価・日清戦争の戦勝の対価以上の資金を期待)。

色々の解釈や学説はあったが基本的な問題として、「日本国民の食糧と科学研究のための資源の確保」が大東亜共栄圏の設立としての根本的な課題であった。この一件は何度も触れる。その為には、日本国の運命をかけた国家総動員の戦いを、何れ、決行しなければならなかったと、東條英機は日本国の立場を、運命が為せる技《わざ》の如く説明した様にある。

☆おもしろい話　その㈡

第二次世界大戦の真珠湾攻撃もそのような状況であったが、それでも日本軍は米国から石油の給油を受けながらの宣戦布告（この布告は米軍に届かず）であったことは、極めて稀なケースであったといえよう。しかし真珠湾攻撃の時、アメリカ合衆国のハワイ艦隊は大英帝国の諜報部の情報により、大日本海軍の先制攻撃は充分に知れていた情報であったとある。今となればそれが真実でなかったと筆者は思うが、ここではその部分を断定して、筆は進められない。

・関東軍の先走り行動も、第二六代内閣総理大臣田中義一は「我に勝利、在り」として、鈴木貫太郎侍従長を間に挟《はさ》みして、満州戦争の成功は確実であるような、陛下に上奏をしている。

その報告について、昭和天皇は激しく反対をしたという本が市販されている。それでも、田中義一総理大臣は陛下面前にして、御暇《おいとま》し、満州に急いだようである。鈴木侍従長はその経緯を文字に残していることは事実である。筆者も一読した。天皇陛下は其の後に曰はく（即日かどうかは不明）、「満州の田舎の話であるから、アメリカも、問題にしないだろう」と言われたようにある。この一件は三冊の本より筆者は散見した。

この作戦は、関東軍参謀の作戦課長・石原莞爾である。筆者は率直に思う。如何に陸軍大臣・内閣総理大臣の意見でも、現《あらひと》神様である天皇陛下の反対を押し切って作戦を実行したというのは信じがたい。満州では既に決行された、事後報告ではなかったか。事実はどうであったか、筆者もわからない。筆者の読本ではそれ程の危機感は、陛下、侍従長、総理のいずれにもそのような描写はされていなかったように観たが、管見のせいであろう。

☆おもしろい話　その㈢

ここに著名な学者の五百旗頭真《いおきべまこと》氏であったと筆者は記憶するが、某TV番組の対談である。面白かったから、筆者の記憶の範囲でその一文を紹介していきたい。

双方とも大日本帝国の大幹部。一八八四年の生まれ。東條英機は、当時は陸軍大臣。山本五十六は海軍大臣で二人とも同年生である。大日本帝国海軍大将と連合艦隊司令長官で同期の秀逸な軍人である。

山本五十六と東條英機の会談で、山本五十六は出征前に「真珠湾攻撃の成功する確率は如何ほどか」と問われ、それは『ケース・バイ・ケース』。すべて米軍の行動如何であると返答して、更に告げてさらりと言う。東條に背中越しで答えた。一息おいて、曰く、「その米軍の作戦が「最高の作戦を立て、最低の実績である場合。そして日本国海軍の作戦が最低のものであって、最高の実績を残した場合に初めて可能性がある。」といった会話を交わしたと言われている、東條と山本の会談内容と説に、笑みをこらえてTV司会者に向かって談笑した。間に入って取り仕切ったのはTV局の反町理氏であった。日本軍の勝つ可能性は殆どないということの確認会話であった。

いずれも後には引けない立場のエリート軍人の死決の出陣時の会話で、この一戦に懸けざるを得ない立場の東條と山本の記録らしくあったが、真実かどうかはわからない。我が日本の著名な学者である五百旗頭氏のブラウン管の前での公開会話である。笑いながらの話であったが、冗談で終わる話の内容ではなかった。

この会話が事実であったかどうかは問題なく、当時の大日本帝国軍人のエリートたちの会話である。その時代の中核人物が置かれた立場で、死ぬことを承知の心に秘めながら別れを意識しての、決意であろう。読者の皆さんも一読されればよく、往時の状況はすべてこのような空気と緊張と決意を秘めながら、目前にある敵軍艦隊を意識したものであろう。

事態の逼迫《ひっぱく》、極《きわ》まれりである。日本国軍の進行は幾筋《いくすじ》の作戦があろうかわからないが、ここまでくれば「生きて帰る所存は程もない」（可能性はない）と。

もしも、ここで『日本国は今日、以後、戦争は全く致しません、それが日本国の基本である。我ら持つ銃器も、軍隊も戦闘のためのものではなく、すべて国民の将来を守る自衛のための官憲《かんけん》隊であり、警察であるという宣言』を一歩も二歩も下がり、腰を低くして謙虚に説明をしていたら、今日の日本国は存在しているであろうか。独立国の国家姿勢ではない。自国の国民は国家が全力で守るもの。武力ではなく、外国交渉、言語で守ることは、岸田遣唐使ならば期待を裏切らないと思うが、読者はどの様に思われよう。

恐らく、あの時代の空気を想像しても、日本国の運命は尽きていて、現状の国名はなんとあるかわからない。もしそのような運命にあったならば、大東亜戦争も共栄圏の構想もない。日本史の近代歴史学の書きようが大きく姿を変えていたのではないか。

いずれにしても歴史学上に、「もし」、の仮説はないが、双方の日米の総合司令官の判断如何では、今よりも違った景色が出来上がっていたということは間違いない。特に東アジアの勢力絵図とユーラシア大陸の中国とロシア、インドあたりの構図は何色に変色して、どこの列強支配国になっていてもおかしくはない。

＊読者に問い糺《ただ》すような物言いであるが、男女のいずれも家族を愛しみ、慕いて生きる。往時の東條英機総理大臣が、世界情勢を大日本帝国の「歴史的一大転機に際会《さいかい》した」と胸中を明かしている。東條英機の周辺本を調べても、大東亜共栄圏の実現に全てを掛けていた如くにある、ほかに異論をはさむところなし。従って東京裁判に出て、昭和天皇の命を預かり、「全責任は我に有り」という空気を醸し出せたのではないかと筆者は勇気を持って推測するが、中々、出来ることではない。

＊マッカーサー司令長官は大日本帝国の共産化、ロシア化を防ぐこと以外には眼中になかった筈である。本人は「老兵は死なず消えるのみ」というセリフを遺して日本を去った。

日本国の天皇陛下を戦争犯罪人として「名指しする」としていたときは、日本国民の全てが、「叛意」をみせ日本国は逆に社会主義国家となっていたかもしれない。とすれば、日本国領土は割愛されて、一部になって、今ごろはロシア大陸の凍土の上を這いつくばることになっていたかもしれない。戦争話は書く方も、読むほうも疲れるが、この本の文末までに、陸軍と海軍のリーダーたちの一面と一文を紹介したい。そこに拘りを持ちながら謎多き「大日本帝国・皇軍の足取りと忌憚《きたん》のない評価を紹介した。

ここらで、一休みして年表を見てみよう。

☆我らの手作り年表「近現代日本戦争史」（作者・読者の利用できる範囲に限る）

元号	西暦	摘要
天保一一	一八四〇	アヘン戦争　英国はインド産のアヘンを清国に輸出。清国輸入超過で紛争起きる。
嘉永　四	一八五一	大平天国の乱（農民戦争）洪秀全が中心になって起こした。

元治　元	一八六四 ～	農民がアヘンの虜になって滅びる事、良からずとして戦うもアロー戦争の英仏連合軍、勝てず。この時代に毛沢東の文化革命の人民公社の名前も現れることを知る。
安政　二	一八五六	アロー戦争　英仏連合軍と清国と交戦　アヘンの輸入で紛争、清国譲歩。
慶応　四	一八六八	日本国　戊辰戦争　明治政府　東京に開設す。
		読者はここに時代の目線を置くことにする。このあたりの混沌とした時代を避けた学習・履修では東アジアの展開をアジア人が解釈できない。中華大国は現在のロシア連邦はユーラシア大陸の主であるから、プーチンも吠えるし、米国は敵でなしの空気が世界を誘導してきた。
明治　四	一八七一	日本と清国　日清修好条規《にっしんしゅうこうじょうき》を調印。領事裁判権を認めさせる等、「大日本帝国」と「大清帝国」は対等条約となり、明治政府の初外交条約締結。
明治　八	一八七五	江華《こうか》島《とう》事件　朝鮮半島の西岸、朝鮮国首都漢城の西岸、江華島付近で海域測量中に、挑発行為をけしかけ砲撃され、反撃する。

明治　九	一八七六	日本国の軍艦が朝鮮軍と拗《こじ》れ交戦・砲撃して開国を迫り双方承諾合意、開国す。日朝修好条規（日本による不平等条約であるが、この内容は日本国が欧州・米国と結んだ、関税不平等・治外法権などを学び、先進国の日本国の有利な条件でのみ締結）。
明治一五	一八八二	壬午《じんご》軍乱（壬午の変）。大院君（清親派）と閔《びん》氏政権（親日派）の紛争。閔氏軍が勝り、日本軍は漢城に滞留することを公認される。これで日本国と清国は粗《ほぼ》対等となる。
明治一七	一八八四	甲申《こうしん》事変　事大党（妃親清派）と独立党（金玉均・朴泳孝、親日派）親国清派の活躍で独立派のクーデタ失敗。福沢諭吉、『時事新報』に「脱亜論」発表す。
明治一八	一八八五	漢城条約　朝鮮の謝罪と賠償。公使館護衛の為日本軍駐留を承認させる。この結果、日本、清国の両国は朝鮮国から撤退。朝鮮が相互に応援の要請あるときは、事前に日本と清国の双方に援助の内容を伝える事（天津条約締結）等。

明治二二	一八八九	防穀令事件　朝鮮が冷害不作を理由に日本への輸出穀令を発布（米《こめ》・大豆《だいず》の対日へ輸出を禁止。それを理由にして日本は朝鮮国に損害賠償請求、十一万円で妥結）。
明治二七	一八九四	七月二五日、日清戦争　開始。清国（李鴻章《りこうしょう》）と日本（伊藤博文）。
明治二八	一八九五	四月一七日、日清戦争、終了す、短期間決戦にて解決。遼東《りょうとう》半島（朝鮮半島の本にある小型半島の割譲。日清講和条約（下関条約）李経《りけい》方《ほう》、李鴻章《りこうしょう》と伊藤博文、睦奥《むつ》宗光《むねみつ》が条約す。
明治二八	一八九五	「三国干渉」。ロシア・ドイツ・フランスから日清戦争時の戦利品の遼東半島返還を要求され、清国より三〇〇〇万両の賠償を受ける。このあたりから日本国の国際的地位が下がる。
明治三〇	一八九七	李氏朝鮮王国はこの年から大韓帝国と非公式ながら名乗る。
明治三三	一九〇〇	第一次大隈内閣誕生　立憲政友会
明治三七	一九〇四	日露戦争宣戦布告　開始。
明治三八	一九〇五	日露戦争　終。

明治四三	一九一〇	日露戦争で日本国の韓国併合により朝鮮半島の統治下となりポツダム宣言を受理する前まで日本国の領地下となる。
大正　元	一九一二	大正時代始まる。（明治四五年）大正天皇、大正四年即位誕生。
大正　三	一九一四	第一次世界大戦始まる～一九一八。同盟国（三国同盟）と連合国（三国協商）対戦。日本は日英同盟を理由に連合国で参戦。
昭和　六	一九三一	満州事変始まる。日本の関東軍が、柳条湖事件を契機に中国と交戦、満州を占領した。
昭和一二	一九三七	日中戦争、開始～一九四五迄、中国大陸で全面戦争となる。一部は第二次世界大戦に含まれるという説もあり。
昭和一四	一九三九	第二次世界大戦　一般的には英独戦争で始まったとされている。
昭和一六	一九四一	真珠湾　日本海軍が奇襲攻撃を加える。情報は既に米国に傍受されていたらしくあった。イギリスからの情報より。
昭和二〇	一九四五	日本軍は広島、長崎に核爆弾を投下され、日本国は一九四五年八月一五日、無条件降伏を受け入れる。

昭和二〇	一九四五	八月一六日以後、日本国は現代史を辿ることになる。これを「現代史の舞台」「当世」、「今の世」と一般的は語る。
昭和四七	一九七二	沖縄返還により、琉球の歴史も「現代史」の表装内《ひょうそうない》となる。一九三七以後、沖縄の存在は、全て日本史の中で語られることが前提であり、日本人として国籍を持つ。当然として、知りおくべき案件であるし、同盟国のアメリカ合衆国の沖縄基地。
令和　五	二〇二三	岸田文雄氏　日本国内閣の第一〇一代総理大臣となるが、現在進行形であり、歴史学に相当せず。

＊我らの手造り年表はここでいったん筆を置かねば先が長い。読者も筆者も、ここで時代の流れをしっかりと押さえよう。何処の誰がどんな動きをしたが、ポイント要人の十人位覚えないとこの先は混乱する。それでも覚えて欲しい。覚えるコツは好き嫌いの個人的感情を取り入れよう。覚えたら教養人として不公平な目線は押さえられよう。

今回の手作り年表は関連項目が多く、全事項の記入はならず。ご注意を頂きたい。

第二章　日清戦争（大東亜共栄圏構想へのステップその一）

第一節　日本国の近代国家としての実力

・（ここまでは、大日本帝国の「大東亜共栄圏構想」がどれ程の信憑性《しんぴょうせい》を持っていたかは、筆者は残念ながら、十分に理解できていない。大本営の作戦が何故に、斯《か》くありて、結果が何故にこうなったかという冷静な目線を持つことが、必須の学習の態度であると筆者は心得る。しかし読者の歴史学学習の会得度《えとくど》はここではあまり問題でなく、何故にこの駒《こま》（決め手）をここで打ち込んだのかという疑問だけでよく、先人《せんじん》の高名な学者の学説を参考にして、筆者と共に学ぶ。それでも正解に辿り着けない場合も多く、疑問の間に挟まれ、彷徨うことにもなる。そんな場合はこの先に答えがあると考えて、正解が得られるのを待ちながら、一歩、一歩の前進としたい）

日清戦争は大日本帝国にとって初めて、国の領土の国境を越えて渡海し、軍を派《は》し、交戦した皇軍の外地への出稼ぎ的、出勤行動である。

韓国に対する戦闘行為は、完全な敵対、他国との交戦と評価していない。この表現は誤解を招きかねないのでよろしくない。一時的に敵国であったことには間違いない、そこで、誤解なく読んで頂くために、今少し説明を付けることにする。

日本国との関係は江戸幕府に対して、二〇〇年近くの朝貢関係を持っていたという日本国側の確信があり、という感覚だったので、初めての戦闘行為とした感覚はなく、日清戦争開始への助走であったということであろう。この筆者の見立てでは得心のいかない読者もいよう。そこは著者の学習の不備を言い訳にしておきたい。

日清戦争の後始末に臨み、決意の伊藤博文《いとうひろぶみ》首相・陸奥《むつ》宗光外相の両名は、国際コンビのデビューである。清国の交渉相手は李鴻章《りこうしょう》と袁世凱《えんせいがい》。ここから一歩退《しりぞ》いて、読者は理性的に日本国の作戦を理解していきたい。大日本帝国が戦争を掲げて行動して、何を求めるのか。これは妄想でも願望でもなく、実戦行動である。現実的は引き分けということはない。互いの損害賠償は正確ではないであろうが、双方の合意の出来る範囲の調整がされる事になる。それ以外には、双方がリスクを重ねることや、戦死者を出すことになる。そこを理解しよう。戦争指導者は死人の数を予想して軍令を出す。無傷で済めば戦闘行為ではなく、外交交渉という段階であり、必ずしも戦闘行為とはならない場合も当然にしてあり得る。

今、我らはそこにある「ロシア×ウクライナ戦争」を基本にして、そこを参考にすれば歴史に学ぶこともあるであろう。「敗者」と「勝者」、戦争に負けると当事者国は勝利者国からどんなことを要求されるのか。アヘン・アロー戦争後の列強国と清国の置かれた立場と、その後の対応を探ってみよう。筆者もこのあたりの学識は充分ではないから、読者と共に学習しながら説明を加えて進みたい。

第二節　日清戦争までの道のり

・（我らの手作り年表で事件を確認しながら前進しよう、71～76頁を参照）

・（大日本帝国が何故に大国の清国を挑発する如く仕掛け、大東亜共栄圏の構想の第一歩を、清国に於いて大東亜作戦と大日本帝国、国軍の両翼を大きく羽ばたいた。それなりの正当な理由がある。無論、戦争の理由は殆どが身勝手、我田引水の理屈があり、読者にも異論の多い箇所であるが、そこを知る）

(一)大日本帝国の「神民《しんみん》」・「安寧《あんねい》」・「繁栄《はんえい》」（大日本帝国憲法の条文）の継続を期待し、そこを求める行動であった。その一人の希望が野望に変わる。これは必ずしも不遜・野蛮な行為ではない。この皇軍の行動は「野望」ではあるが、人類の発展を求めた前進行為である。歴史の冷徹な一面に、際《きわ》どく展望を求める行動の原理と理論があった。右寄りな、姿勢の解釈があっても、それが一時的であっても国家も「神民」も数えて「一億人の民心」を天地に彷徨わせることなく、天皇と国民に誓った帝国軍人の初陣の心理を、受け止められるように学びたい。

㈡攻めるは最大の防御なり。大日本帝国の初めての心振動、行動は全面に於いて納得できない無理行動の場面もある。

㈢そこを今時《こんじ》に掘り起こし、やがて未来に羽ばたく帝国、一億総国民の安寧と食の確保と補償の特目を天地、神妙に約す。

㈣先人たちが細かく興した、故意に勃発されたような複雑な舞台裏の解釈ができるように、この第二節をしっかりと学ぼう。

㈤筆者も第二次世界大戦後に生まれた者として、詳細は反省の中にも無理を承知しながら、一歩前に出て、積極的に解釈を出来るように読者と共に学ぶことにしたい。其の為には、我らの手作り年表を初手《しょて》に、参考にして、先ず「李氏朝鮮王国」の立位置を理解できるようにしよう。

㈥ここまでの全文をしっかりと会得される読者には、敬意を表し、第一節の前触れの文例箇所である、日清戦争の第一歩は、清国ではなく、全くの隣国の朝鮮国、絡みの攻防の接点から始まる。

＊この日清戦争は明治二七年～二八年（一八九四～一八九五）に大日本帝国と大清帝国と交戦した、一年に満たない短期な初舞台の戦争期間である。この戦争は本当に互いに戦争をする必要があったのか、開戦の動機・目的をしっかりと理解しよう。戦争の直接的、間接的な原因を知らずに、その進軍の正当性が摑めない。

＊日本国から見た朝鮮問題。

明治維新以来、欧米列強の東アジアへの進出に、強い危機感を抱いてきた日本政府は、朝鮮がロシア国家の勢下《ぜいか》に入《はい》らば、日本の国家的存在も危うくなるであろうことを恐れ、日本国の主導権で朝鮮国を清国から独立させて、日本国の影響下に置き、列強国と対抗しようと考えていた。ここを足場にして、大日本帝国の大東亜共栄圏設立の構想の一歩が始まったことを知りおかないと、読者には、「清国・朝鮮国・日本」の必然的な世界進出の設計が理解されない。

この一言は大胆な発言であるが、大英帝国・フランス帝国の大清帝国への「アヘン戦争」戦略攻めの剛腕作戦の先が読めない。ご異論有る読者も予想されるが、筆者の浅学と未熟さにご容赦を頂き先に進める。しかしこの時代に、中国とそれを取り巻く近隣諸国は、常に欧米列強諸国の五国の標的とされていたことは間違いない。そこを論点として学習する。

その第一歩は、清国の属国扱いにされていた李氏朝鮮王国を、どの列強国が支配下に置くかという構図を、脇に抱えながらの貿易交渉であった。そこをしっかりと抑えて前進の準備をしておこう。

まずそこまでの仕掛けをどのように描くか。

そして第一歩を何処の国が接近し、一歩一歩を先んずるかということである。

清国にアヘンで接近したのは「英国」と「仏国」である。それを承知で大日本帝国が大東亜共栄圏の構想の一歩として仕組んだ争いが、日清戦争である。そこを確認しながら前進する。

この大日本帝国と大清帝国の合戦は、一〇ヶ月くらいの短期決戦であったようである。ちょっとした内紛かと思うような経緯である。

しかしこの争いは、抵抗する立場を理解しないといけない。朝鮮・清国・日本のいずれも内紛《ないふん》・小競り合い程度の事件ではあるが、大日本帝国としてはこれまで国際戦争、外国領土の取り合いの経験がない。

何故にこれ程、短期間で合戦を終了したかをまず知らなくてはならない、そこを押さえよう。

清国は現在の中華人民共和国である。日本史学上では「日清戦争」と短縮する。以後この様式で記載する。筆者はこの国名には少し違和感がある。「日中戦争」ではなく、日清戦争である（日中戦争という戦争は別にある）。日本は変化してもあくまで、日本の漢字の表記で統一しているが、中華人民共和国は大陸であり、歴史も長く、幾多の異民族が合流して、中華民国の歴史を綴ってきた。どの一族、士族を中心にして発展してきたか、中々、多数で中国の実態が覚えられない。これは基本的に、中国史に筆者が疎《うと》いということであろうが、中国、三千年の歴史は完全に版本化されていると、嘗ての筆者の同窓生中国人は、自負していた。悠久《ゆうきゅう》として、大国の歴史感覚であるかもしれない。無論、筆者は中国史が粗《あら》いということを指摘しようとしているわけではない。

中国は本当に大地大陸の保有国で、人口は十四億五千万人程であるから、日本の十一倍以上である。この人口と土地面積をかけ合わせた歴史と文化があって、今日の中国史がある。因みに国土の面積は①ロシア連邦②カナダ③アメリカ④中国の順であるが、六十一位が日本の順位である。そこは知るだけでよいと思うが、この面積の大小と人口の差が、以後の資本主義社会のバロメーターのひとつになっていたことは、否定はできない。これは筆者の独断であるが、大きく主張するところでもない。

第三節　日清戦争までの清国環境

清国の国政、外交の中心人物は李鴻章《りこうしょう》・袁世凱《えんせいがい》が国家運営の中心人物である。この時代の中国の政治は、全領土と国民の民意を代表した国政であったか、その内容は筆者には理解が薄い。清国の領土は沿岸地帯、満州国、台湾国などの周辺の澎湖《ほうこ》諸島を中心とした東アジア地域であろう。この諸島の海洋利権は清国に其のまま存続していたら、大きな利権になっていただろうことだけは知りおいてもよい。現在の中華人民共和国は過去に於いて、ロシア帝国からも何度となく、北地区から、モンゴルエリアに侵略されている。習近平氏もそこを忘れずに交渉すべきであるが、長い因縁に拘《こだわ》っては、相手国の情報に疎《うと》くなる。

第一項　欧米列強国が狙う中華秩序の市場

以後、本書上に散見される用語の解説として……「条約《じょうやく》」と「条規《じょうき》」の違いを説明しよう。

・条約＝国家間、国際機関との文書による合意であり文書等での取り決め。

・条規＝国家間に限らず国内法やその他の取り決め、法令掟、定めも含む、効力に差異のあるものでなし。この時代に於ける欧州列強五国とは、イギリス、フランス、ドイツ、イタリア、ロシアとしておきたい。

＊欧米州列強諸国の交渉手腕と共同作戦

（一）「アヘン戦争」（一八四〇年から一八四二年間にわたる戦争）が起こった。イギリスと清との戦争であるが、事の発端はインド産のアヘンをイギリス経由で清国に輸出した。清国の習慣では、既にアヘンを使用していた為、消費の拡大に時間はかからなかった。清国からイギリスに貿易銀貨で支払われ、輸入過剰で国家の経済状態は乱れていた。アヘンの使用を禁止するも、効果なし。敗戦の結びとして、一八四二年の南京条約でイギリスの勝利を認めざるを得なかった。香港の割譲が締結され、賠償金六〇〇万両から八〇〇〇万両に変更、清国にとって更に不平等条約が進行。

（二）「アロー戦争」（一八五六～一八六〇、第二次アヘン戦争ともいわれる）の結果、一八六〇年に英国と結んだ南京条約の内容を変更し、新たにフランスはイギリス国を超える条件で天津条約を締結。天津港の開港を公認。イギリスの賠償金の増額と九竜半島南部割譲、キリスト教布教の許可等において、英仏共同の作戦・戦法となる。

防戦一方となる東アジアの太守・宗国（隣国や周囲に支配権を持つ国）である中華・「清国」

の悲壮感や、危機感を見せなかったのかもしれない。ここで最も重要な締結《ていけつ》事項は、キリスト教布教の認可であり、洋風文化の空気を公認、下したことにあると、筆者は強く推測しておきたい。この時点で清国がそれなりの自覚を見せていたらその後の雲行きが変わっていたであろう。この懐《ふところ》の深さが、他国の文化を浸《し》み込ませることにもなろうが、これは致し方ない雲行きではある。他国の文化の足音《あしおと》も歩測を計って、そのうえでの公認があれば、英仏の歩測のスピードも止められたかもしれない。しかしこの見立ては、日本国のキリスト教布教の徳川幕府の対応に、キリシタンは悲惨ではあったが、キリシタン文化の阻止が結果的に成功に終わったことは日本史で既に学んでいる（異論一部あり、あくまで徳川政権からの見立て）。これは単なる筆者の見当であるが、「争い、戦争」は文化においても輸入され、群衆パワーで移動する。

まず移動は食品文化から伝わる。異論はあろうが中国三〇〇〇年の悠久の余裕が自覚されていないから、油断による外交に起因とするところあり、計測の間違いがわかっていなかったということであろう、読者にはなんと見えようか。

読者の皆さんは、拙本の記述にある解説の箇所を捉《とら》えて、東アジアにおける「李氏朝鮮王朝」・「清帝国」・「朝鮮王国」・「大日本帝国」の立ち位置の確認をされたい。

この四国家の政治経年の一時《いっとき》の違いと、歪《ゆが》みを見てみよう。中国も朝鮮も、国内情勢が安定されていないところを、諸外国の侵攻作戦に隙《すき》を見せてしまった、内紛《ないふん》に対する監視作業の徹底の不足と思うが、どうであろう。

『彷徨える日本史』の第四弾で学んだ「戊辰《ぼしん》戦争」の内戦状態を天皇・老中・幕閣が諸外国の胸中を読み込んで、開国をせずに、「産業革命・富国強兵」を岩倉使節団として派遣し、列強国に学び帰ったところが、「中国」・「朝鮮」に一歩先んじた結果が得られたのではと思う。

大日本帝国のここまでは正解であった。この結果の延長戦上に大東亜共栄圏構想が、大きく広く横たわって、ここまでは日本国も読みある、充実した算を立てていたことが予想される。

しかし大清帝国は少し慌てた。その経過は甚だ微妙であるが、復習がてら、列強五大国の狡猾な戦略を読者と共に学ぼう（一部重複箇所あり）。列強国の計算され尽くした、アプローチを理解されたい（大日本帝国の李氏朝鮮王国に対する手法も同様な手法をし尽くしてきた）。

世界の強国がアジアの富国強兵政策の欠如に集《たか》りかかった。国内不平分子の治世の不備が命取りになる。

アヘン・アロー戦争の内情を深く知ることによって、欧米の列強国に対する交渉テクニックを再読・確認しよう。

＊（再読の為のアヘン戦争）中国清朝と英国は南京条約（一八四二）を締結。香港割譲などの利権を取得す。ヨーロッパ勢力によるアジア植民地の第一歩となる。

（注）ここで中国とは中国全体を表す大陸全体である。清国とは一六一六年に建国され、漢民族を征圧しその後一六四四年～一九一二年まで中国本土とモンゴル高原支配をした最後の統一王朝である。「中国」と「清国」のイメージを混一しないことに注意されたい。又、大英帝国とフランス帝国の順位とプライドを捉えておきたい。

最初のアジアポイントはイギリスである。産業革命、富国強兵政策は英国が先進の第一歩であり、インドの支配も先んじている。アヘンの輸入元はインドである。

＊（再読の為のアロー戦争）一八五六～一八六〇をもう一度、精査して復習がてら学んでおきたい。このフランスの第二次アヘン戦争（解説済み）と言われる戦争は中国清朝とイギリス・フランスの連合軍に対して、ここではそこをフランスの強硬姿勢に負けて、イギリスとの条約である、南京条約を超える待遇でフランスと南京条約を結んでしまった。ここが大清国のそのあり方に激怒を見せた大英帝国はフランスと同等か、それ以上の内容の

条約改定の締結を清国に要求してきた。清国は英仏両国からの天秤交渉に振り回されていた。英国は先行したアヘンの市場開発の努力を評価されない、清国のこの仕打ちに黙ってはいられない。仏国と同等かそれ以上の待遇を要求した。この仏国の行動を周囲の欧米列強諸国は、当然、出番を待っていた。ややこしいが読者もそこを、しっかりと押さえよう。

第二項　「天津・北京条約」とは＝一八五八年、アロー戦争に敗北した清国が、勝者のアロー戦争中に清国が英・仏・露・米の四国と結ぶとした条約で、相互に内容のズレがあった。それで清国は結果的に不平等な条約となった。そこを確認しよう。

①香港をイギリスに渡すこと②主要な五の港を開港すること③貿易規制をやめ、自主貿易を認めること。

そこでイギリスは清国に追加でフランス以上の内容にしなければ戦争をすると脅した。その後、清国はある事件（キリスト教関連）が起きて、イギリス船の国旗を引きずり下ろした。これは大英帝国に対する侮辱であるとして、英国は怒りをあらわにして息立った。

そこにフランスも加勢して清国×英・仏連合の戦争に発展してしまったが、そこは欧州列強国の作戦勝ちである。この英仏連合は最初から予定された行動であると、他国（ロシア）はそのお手並み拝見をする。この闘いがアロー戦争の姿である。

清国は敗れ改めて、そこから一八五八年天津条約を締結されていくことになる。その様子を見ていたアメリカ・ロシアも清国に対して同等な条約を要求し結果的には英・仏・露・米に対して天津条約又は、天津条約と同等な内容の条約を結ぶことになった。この段階で英・仏の間での条約内容が同一内容であるかを確認し合う「批准書《ひじゅんしょ》」の交換を約し、再び清を訪問しようとした。そこで清国は英仏が批准書の交換をされることを嫌い、イギリス船を砲撃した。欧州の英仏の二帝国は清国の対応にブチ切れ清国を攻める。

当然にして清国は敗戦した。英仏の連合軍は天津条約だけでは手緩《てぬる》いとして、更に締め付けをする。英・仏連合軍は北京まで押し寄せて天津を攻め落とし、前の条約を要求したが、この流れから後《おく》れを取ったロシア軍は、平静を装って調停の役を買って出た。清国・英国・仏国の三国は、取り敢えず仲直りをした。

清国は一八六〇年、北京で改めて「北京条約」を締結する。その内容の結果は、清国にとって「大火傷《おおやけど》」の状態となってしまった。結論を見よう。

一八六〇年一一月。清国は露国と北京条約を交わし、清国は沿海州（ウラジオストックあたり）の割譲を受ける。この最終決着の条約を合わせて天津・北京条約という。歴史用語が大変、煩雑《はんざつ》で中々纏《まと》められないが、読者の皆さんはどうであろう。『彷徨える日本史』というタイトルのなかで、この歴史的な世界史の案件として、厄介なところである。教室での壇上からも軽く流され、詳細を教えられていないところもある。テストに出題されないところであろうか。この点が筆者の出すぎた一文であったとしたら、教育関係者にはお詫びをするが、近代戦争以上に現代に近い歴史案件は、教壇から説明し難い。教壇の氏はそこを問題化すると採点に苦難するのではと、邪推してしまう。何故、筆者が面倒臭いと言いつつ、承知で長々と列記したかというと、大国の宗国の三〇〇〇年を超える、歴史大国の伝統と、国家スケールに群がった、三条約（南京・天津・北京条約）革命と、富国強兵政策の両輪を合言葉にして、大清帝国に群がる「産業革命・富国強兵の国家体制完成」後の、大国の在りし日の姿を体験学習して頂きたく書き揃えてみた。

前述の二段式による文面でも決して十分でないことは、書き手として承知しているつもりである。しかしこの「アヘン戦争」、「アロー戦争」、そしてその経緯は、ここで細かに学習された読者は、列強国の「群《む》れ集《たか》り戦略」の必然を知ろう。このような歴史の流れが、一度、覆いかぶさると外交二流国としてのカラーがぬぐい取れないことが少なくない。ロシア×ウクライナはどうであろう。双方ともあと二年のあたりで収めたい。そこを超えると傷跡が深く残ってしまうのではないかと、筆者は本気で双方に心配をする。

※一点　重要な補習を参考にする

この補習は、日本史に於いて大変な歴史案件であり、ここで幕末の薩・長・土・肥の西国雄藩が、中国のアヘン戦争の実態をオランダより入手していなかったら、幕府がその後の対応を、過《あやま》っていたであろう。その後の大日本帝国の歴史の姿は大きく、方向を変えていたとしても、時の流れとしては普通の成り行きであったかもしれない。

この見立てと強弁を敢えて読者の皆さんに仕向けてみたい。薩・長・土・肥の重臣たちが、「清国のアヘン戦争」を眺めても何ら対応もせず、怠《おこた》っていたら、英・米・仏・露国は日本国の徳川幕府に上陸を強要して、表向きは正当な貿易交渉を要請していたであろうが、アヘンを持ち込まれたら、その後の明治維新は大きく姿を変えていたことは明確に断定できよう。そこが見えないようなら歴史から学ぶものは何もない。

ここまでを摑《つか》み損《そこ》ねてしまったと思われる読者は、この部分は日本史の範疇《はんちゅう》であるが考えの裾幅《すそはば》を、今一歩広げてみよう。ここが通過できないと、大日本帝国の『大東亜共栄圏構想』の足元も見えない。大きく言えば今日の「ウクライナ×ロシア」戦争と隠れたる「第三次世界大戦」の足音が聞きとれない。

作戦遂行のためには、「今日《きょう》の味方は、明日《あす》の敵《てき》」。「敵《てき》の敵《てき》は今日の味方」という戦争定規は、今日のロシア×ウクライナ戦争の実践と思い、そこから学びたい。

現在の世界は、ロシア軍はアウトサイダー気味であるが、その着地と今後の国家展望次第でどんな立場を得るかもわからない。そこを読者も筆者もしっかりと把握しよう。

大日本帝国の朝鮮、中国等の東アジア戦略とそこに異議ありとした欧米の列強が、作戦を巧みにして、どのように立ちまわるかも見極めよう。

現在のロシア×ウクライナ戦は必ず落ち着く。その時には世界の国際秩序が大きく変わるであろうと筆者は大胆に推測する。大国と優良経済国である中国（異論あり）と優秀技術立国の台頭。

日本国も必ずこの区分のいずれかのリーダーとして輝く時が来る。そこを信じて彷徨える検討使（岸田総理）の後継者に期待しよう。日本国の経済があと二年くらい継続したら、世界は日本を無視できないであろうと見る。今日、「賢者は歴史に学び、愚者は経験に学ぶ」というドイツの賢人の教えをどの胸に刻むのか、後輩たちには語れない。

世界の列強先進国はロシアかアメリカか、誰もが断言できないがそこを摑めない国は、第三次世界大戦とまで言わなくても、その危険地帯を彷徨うことになる。

まずこのプーチン氏の戦法は、ロシア国家の全パワーと資産を焼き捨てても、北欧の大地をロシア国民の全員で守り抜くという信念を見せている。しかし前途は苦しい。

自由主義国の西側の国体では、あまりにない程の拘束であろう。今のロシア帝国には正当な選挙は期待できないであろう。あるのは信念だけである。プーチン大統領は全国民に呼び掛けている。そのニュースがメディア報道に流れた。読者も次の一文はしっかりと胸に置き、語りかけてみよう。

「人の命は尊い。いずれ人は必ず死ぬ。一番尊い死に方と称賛されるべき死に方は、国家を守るために命を捧げる死に方である」と（露国のTVによるとロシア夫人団相手の対談模様）言い切っていた。解説者が言うには、「既にプーチン大統領は全ての兵士に引導を渡している＝兵士たちは理解している」といった。プーチン大統領から見たら、今この時間は既に過去のものとして、ロシア国の現代史の一編として流れ去っていくであろう。「自分は既に覚悟はできている。全国民も覚悟して、皆の一命をロシア帝国にください」と言っているように筆者には聞こえた。夫人団は全国に悪評が残っても、このプーチンがすべて歴史の天空に散骨をいたします。こんな感じに聞こえる注釈も続いた。まるでカルト教団の号令一下《いっか》である。もっともこの婦人たちは了解済の演技出演であったことが後日に於いて判明した。ロシア正教会とローマカトリック教会とプロテスタント教会は三大教会であるらしいが、筆者にはその違いが全く理解できない。不謹慎、無教養の不徳であろう。一心が為す心構えを説くのであろうが、筆者如きが触れることではない天空の福音であろう。読者の琴線に触れることであり、お詫びをして、日本史学の「近代史」に戻ろう。

第三項　甲申《こうしん》事変（朝鮮事変）

一八八四年、朝鮮はこの時代、清国の属国のように扱われていた。それが嘗《かつ》ての歴史関係としては、自然の成り行きであったかもしれない。

世界史の中では華夷《かい》秩序といい、「清国は世界に君臨するに相応《ふさわ》しい大国であることを語らずして、態度で君臨した国家」。それが中華人民共和国としての国体であり、尊厳であるということであろう。敢えて理論化するならば、伝統と国土の広さなど、「李氏《りし》朝《ちょう》鮮《せん》」の国体の有り方を清国と、隣国の小国としての振る舞いとか、国政の有り方を逐次、清国に相談をするという形式が双方の普通の外交態度であった。苦しい時の清国頼みの李氏朝鮮国であったことを知っておくと、読者には前後の関係が理解しやすい。この、中・韓関係を基本に置かないと一歩前進が出来ない。そんな国家のアジアとその周囲の関係は中華思想に準じた国際関係であり、対等な関係ではない。

ここで中国・朝鮮・日本の三国関係とその原点を捉《とら》えてみよう。

この事変は一八八四年、韓国で起こった清国に近い韓国、金玉均《きんぎょくきん》ら（親日派）と閔《びん》氏（清国派）と日本と結んだクーデターである。

清と結ぶ、事大党《じだいとう》（朝鮮王朝）の一掃を図り、日本の援助を受けて新政権を樹立したが、清国軍の介入により、このクーデターは三日で失敗した。
＊天津《てんしん》条約も色々なり。一八五八年（一度目）、一八八五年（二度目・三度目）。
一九世紀に結ばれた天津条約は三つあると心得よう。ここに至るまでに疑問を抱かれなかった読者は、歴史学の混迷の縄にかかっていると思われたい。二度目と三度目は一八八五年の締結である。
・一度目の条約は一八五八年に結ばれたアロー戦争講和条約としての天津条約であり、締結交渉の相手国は「英・仏・米・露国」である。
・二度目の締結は朝鮮に於ける甲申事変の後処理であり、清国の交渉相手は日本国であり単独締結である。
・三度目は清仏戦争講和条約としての天津条約で、清国とフランスの間で結ばれている条約を指す。いずれも天津という場所の名前がとられているから同名であり、条約内容を解釈しないと、読者も迷い込んで前進できない。世界史の領域の広さであることで読者も我慢されたい。

清国と諸外国の間で結ばれた条約の総称であるが、内容は色々とある。アヘン戦争、アロー戦争（第二次アヘン戦争ともいう）に関連してロシア、アメリカ、イギリス、フランスの順であるが、それぞれの内容までは筆者の知識は届かない。

四国が個別の内容のものであろうが、同一の内容であるかもしれない。読者や筆者が混同することはあっても、歴史上は混乱しない。甲申《こうしん》事件の後始末としての対日戦争処理の文例は日本史の範疇として捉えたい。

○ここの文言《もんごん》を理解しよう。複雑であるがこの場合のような、清国が列強国の外交に対して、個別の条件を揃えて条約を結んだ。まずそこをみる。袁世凱《えんせいがい》と伊藤博文《いとうひろぶみ》との日清会談で、欧米の諸国の一歩先を制して、次の様に及んだ。

一八五八年、天津条約（一度目の天津条約）の趣意は日本と清国の間での戦闘を望まず、合意の上で天津条約を結ぶ。条約の名称は締結された政治的な権力者の執政の場所を表している。

条約に曰く、一八五八年六月、「清国と日本は朝鮮から撤退し、以後、出兵する時は双方互いに、事前に通告することに取り決めした」。この条約は欧米諸国との条約ではなく、李氏朝鮮王国の扱い方を決めた特別な日清条約である。日本と清国はことあるたびに朝鮮国を如何に扱いせんとするかを、常に胸においた行動となる。

ここからしばらくの間は朝鮮をめぐる日清間の交戦は避けられた。しかし、やがてこの関係が日清戦争の発火点になる。読者はここを見逃してはいけない、捉えよう。

豊臣秀吉の時代から、朝鮮王国の半島は、日本から見た時には常に、中国大陸へ上陸するための足掛かりと見ていた。中華大帝国（後の清国）は、この時点では東アジア状況の外交について、清国は欧州諸国と一線を置く姿勢であったことを知っておきたい。

この時点では清国と日本はアジア国であり共同して、欧州諸国と対峙できると思っていたのであろう。これは筆者の感覚でしかないが、欧州国は総じてキリスト教の布教に、拘り過ぎたのではないかとも思う。今少し身軽に構えていたら様子も変わったかもしれない。

○この時代頃の清国は、オランダ、イギリス、フランス、ドイツあたりの産業革命により財力を貯《た》め、武力を揃えた腕力でアジア諸国に経済的な進行を画策し（東インド会社等）、スペインやポルトガルの既成《きせい》の勢力を凌《しの》ぎ、東南アジアの市場を拡大していく、進歩的な思想を持っていた。その国家的な侵略の動向を知っておこう。

その手段はインドから運んだアヘンを中国に流し込む戦法であった。これをアヘン戦争、アロー戦争というが（前述済）、中国にアヘンを入れ込んで、国民を堕落させ、戦闘意欲を喪失させた。その結果、清国からは大量の銀が流出した。この時の中国は国家の危機としてイギリス、フランスからのアヘン輸入禁止命令か、貿易拒否の布令を出せばよいが、それをしなかった。それは、清国はそれくらいの取引と支払いくらいは充分に出来る。それが大中華帝国であり、イギリス、フランスの国外退去令を発令して、特に損害賠償を求めなかった。この支払関係が後世に於いて清算されたか筆者は知らないが、その後に欧州勢の出入り禁止令はない、天津条約の範囲で継続させたのであろうが、そこに大清帝国の虚栄があったのであろう。それを承知で清国に割り込んだのはロシアである。清国に接点を有するロシアと日本国が（朝鮮半島を経由して）、清国の周辺（そこでまず朝鮮、日本の周辺）に近寄ることになる。

この流れが互いに領土の拡大を狙う視点が、やがて日清戦争に繋がっていくことを読者は推量されておかれたい。

この清国は、まるで福沢諭吉の新聞記事を快読してから呼応したが如くの、文脈になっていた時期もある。福沢諭吉の学術感覚が日本国の近代思想の一篇にあったことを承知で、読者の一読と、後《のち》の認識が大日本帝国の往時の知識や思想レベルの測定の物差しになるのではないかと思う。読者の皆さんと筆者は快読しておこう。

☆福沢諭吉《ふくざわゆきち》作「脱亜論《だつあろん》」

中国の諸外国との交流の基本は朝貢体制であり、大国の風格で、列強の諸外国に対応してそんな風情《ふぜい》を遺《のこ》していた。日本に対しても日清修好条規《にっしんしゅうこうじょうき》を結び、相互に繁栄することを期待した。その流れでロシア、フランス、日本は一方で、華夷秩序《かいちつじょ》＝朝貢体制《ちょうこうたいせい》で盤石《ばんじゃく》としながらも、その後の中華国の動向に注意していた。

日本の拡大方針の一歩目は、隣国の朝鮮国に目測を置いていた。その第一歩は甲申事変《こうしんじへん》（前述の朝鮮国の内乱）に関心を持ち、日本国寄りの勢力を育成することを期待する。この「脱亜論」は傑出した作品であり、往時の日本文化や、鹿鳴館《ろくめいかん》で（一八八三年頃）の洋風文化の吸収の姿勢は、日本の国策の正当性を評価すべきであろう。この欧州列強国に対する見立てを基準に、大日本帝国の第一次世界大戦に、闊歩《かっぽ》した勢いが垣間見られる。この諭吉の論理は往時の世界に対する目測としては相当なものであると、筆者は感心せずにはいられない。読者もご一読されると良い。この精神の一辺が大日本帝国の大和魂の根底に流れていたと我らも感じ取りたい。

【脱亜論】（次文の内容は筆者の独訳）

「わが日本の国土は亜細亜《あじあ》の東辺《とうへん》（東の端《はし》）にありといえども、その国民の精神は亜細亜の固陋《ころう》（古い習慣や考えに固執して、新しい考えを好まないこと）を脱して、西洋の文明に移りたり（西洋の文化を楽しんでいる）。しかるに、ここに不幸なるは、近隣国にあり、一を支那《しな》（中国）といい、一を朝鮮（韓国）と云《い》う（中略）。わが輩《ともがら》を以《も》ってこの二国を視《み》れば、今の文明東漸《とうぜん》の風潮に際し、とてもその独立を維持するの、道にあるべからず。（中略）その国土は世界文明国（西欧文明）の分轄（だんだんと進み）に期すべきこと（影響力を大きくしてくる中で）、一点の疑いあることなし（まちがいはない）。わが国、隣国の開明を待ちて、共に亜細亜を起こすの猶予あるべからず（独立を維持するだけの方策がないだろう）。むしろその伍《ご》（いっしょになって）を脱して西洋の文明国と進退を共にし（日本には中国や朝鮮の開花を待って）、その支那朝鮮に接するの法（中国・朝鮮と交流する場合のとき）も、隣国なるが故にとて、特別の会釈（隣国だからという配慮はせず）におよばず、まさに西洋人が（両国に対してするような作法でおこなえばよいのだ）これに接するの風に従いて処分すべきのみ」

一八八五年三月一六日『時事新報』社説時事新報は一八八二年（明治一五年）
福沢諭吉により創刊。

福沢諭吉のこの一文は敢《あえ》て、原文を引用するが、その文意を、辞書を持参しても、読まれんことを読者に期待したい。筆者も未だに全文を辞書なくして読めないが、文意は読み取れる。

福沢諭吉の心境は、西欧諸国の文化は進んでいる。その国を避けて意地を張った東アジアの中国、朝鮮は西欧に対抗するのをやめて、日本と同じように西欧文化の人民と仲良くした方がよい。そこをためらっていると東アジアの国は対抗できない。やがて植民地化することになると諭吉は日本も含めて、その道を指し、日本語で新聞に載せている。中身の解釈は読者の理解でよい。唯《ただ》し、大日本帝国が中国、韓国と小競り合いをしていると遣《や》られてしまう。日本、中国、朝鮮は東アジアの為に仲良く、大きく構えることが将来の三国の為になる。大きく構えようと。

この一文は往時の日本の状況の中で、明晰《めいせき》な福沢諭吉が文字にしたことが大きい。読者は筆者の理解を超えた学習をされたい。この論吉の「脱亜論」を筆者は高い評価をしたが、深い意味はない。

この時代に留学経験はあるとしても、日本国の前途を案じて、農業中心の日本経済と人材の世界を見る日本国民の目線を啓蒙し、目覚めさせる情報の一文として、新聞に書き上げ民衆を鼓舞したことを知りおき、なお自ら「慶応義塾大学」を創設した精神の啓蒙に、慶応卒でなくても、この時代に感じた逼迫感に教育の神髄を示していた先人のことを知っておきたい。筆者は、お断りおくが諭吉とも慶応義塾大学も何ら関係もない。

＊その後の日朝関係と周囲の動き（一八九四〜一九四五年前後、天津条約・日清講和条約＝下関条約）を探る。

ここから先の学習のポイントは「朝鮮」・「中国」・「日本」・「ロシア」・「イギリス」・「フランス」等の動きをチェックしながら、列文字《れつもじ》ナンバーの位置を確認し、攘夷秩序《じょういちつじょ》体制の清国を地勢学的に捉えてその位置を押さえ、拙《つたな》い例示であるが①〜⑥までの文例内容で読者は室町の日明貿易の開国スタンスを想像されておかれたい。

これは金にモノを言わせた経済戦略であることは難なく、想像されるであろう。読者の皆さんはそこを感情的にならずに吸収されたい。

①このあたりから、日本と朝鮮に環境の変化が出る。この時代の朝鮮半島の隣国は欧州の産業革命を達成した国の出入りが多いことを承知しておこう。

②明治二七年、一八九四年、その欧州勢とはイギリス、フランス、オランダ、ドイツ、ベルギー、アメリカ、ロシア、そしてアジアの日本であり、農業から工業・貿易に国体が変化し、生産物は増加して輸出を拡大しないと過剰在庫になる。換金作業を国家方針で決め、さあどこに売るかという市場の取り合いである、日本国は生産もするが売る側の国であることを読者は忘れないこと。

③欧州をはじめ先進国の販路拡大の狙いは、自国の在庫を売却して換金する。その市場を確保するために、他国との関係など交易待遇等の大儀名分を建て、儲けを迫る。

④ひとつの市場国にみんなが集中して、開拓するには競争状態にする。大抵の場合、世界に門戸を開けて、貿易を要請するが、諸外国の相互に、こじ付け理由が多い。

⑤日本が「韓国」を国際市場とした場合を想定するが、他国も清国交易の第一歩にして、李氏朝鮮帝国に歩を置き、そこから大中華帝国への貿易の攻略を目指した。朝鮮に接触する国は、日本、中国、そしてロシア、フランスが最初の目途とする。

⑥ロシアにとって欧州よりも、東アジアの不凍港市場の獲得が、将来の行動をとりやすくする。シベリア鉄道の開通のロシア、ウラジオストックまでを急ぐ路線（シベリア鉄道）の進行を目指す。

　ここまでの先進国と言われた国々の開港を迫る商行為を筆者には、これ以上に整理はできないが、列強の皆で狙った清国市場。李氏朝鮮王国の市場開発は、大清国市場へ移行する為のついでの作業であったことを知りおこう。往時の大日本帝国の判断は深く熟慮されていたと思う。朝鮮国は日本国にとって、国外最初の領土であったから、朝鮮国への市場開拓については、更に深い感情があったのではないかと、筆者は推測するがそれ以上の意味はない。

　この世界史の流れから見れば朝鮮国は、この時代に於いては地理的に不利であった。産業革命を達成できていない国（清国）の隣国で自国の内紛に終始していた為、国際メンバー国の都合だけで将来の運命が決められてしまったことが、その後の苦戦にある。後世の世界事情で、巷間語られる例え話に言われる、これがアジアの歴史における「韓国の運命は全て、周囲（露国・中国・日本等）の大陸の事情」であるという、表現はこのことを指す。そこから見れば今日の韓国は完全に挽回して、現在は大躍進（経済的には日本国を超えているると言われるが、一部に異論有）をしている。それに引き換え、日本国は声を大にして語れるところに立っていない。中国の清国が諸外国から、大市場が東アジアに温存されているといった見識を持たれたのは、その意味に於いては、対外戦略が中華秩序の教育で、鷹揚《おうよう》であったからであろう。欧州や米国、日本から見たら攻め易く見えたかもしれない。

少し横に反れるが、近時の中華人民共和国の指導者である歴代の人物は、就任と同時に今までの歴史を誇りに思いながらも、今に「中華人民共和国は世界の覇者になるべきである」という思いを握りしめている、習近平氏を筆頭にして。

＊再び、天津条約（一八五八年）の近辺まで戻る。交流のあるのは中国と日本。中国と日本は天津条約があって、独自に朝鮮・中国・日本に派兵をすることはできない。

しかし、中国は韓国とは天津条約（安全保障）の関係があり、日本はその優劣を争っても双方に理論的な勝ち目はない。一八九四年七月にソウル近郊の海上で日本軍と清軍が激突した。これを「成歓《せいかん》の戦い」といい、日本国軍と清国軍が激突。日清戦争の最初の陸戦の戦いとされているが、双方に異論があり、日本国は八月一日に清国に対して宣戦布告をした。甲申事件（事大党政変）は親日派の閔《びん》妃と親清派の大院君派の争いから拗《こじ》れて、日清戦争に拡大した歴史の流れを知っておきたい。日清戦争の元は小国の朝鮮王国の内紛の解決にあたり、中国と日本が隙を突いたという紛争が日清戦争の始まりであったということは先に触れた。

先進列強国から見れば、その国内政権争いの為に国内に内紛が起こり、応援軍の要請があった時が、その応援を依頼した国により植民地化にされるときである。

勝敗は即座には関係ない。勝てば勝ったで、援勢国家より恩賞を求められ、負ければ負けたで応援や再戦の機会を求められる。そこから、その依頼をした国との間で、その損害の請求が、「残り縁《えん》」で手が切れず上下関係の継続となる。

朝鮮国の内紛騒動は日本国としては、外国に仕掛けた近代戦の第一歩であったとみてよい……。この時点での日韓関係は最も近い関係であるという自覚があったというか、そんな感触であったと筆者は観ておく。豊臣時代の秀吉、徳川幕府との朝鮮通信使は実質的には朝貢関係である。それ以来の関わり縁である。少なくとも日本国側の「対朝鮮私観」は見下げていた感覚はあったとみても言い過ぎてはいないと思うがどうであろう。もしこの見方が過信であったら、浅学を理由にしてお詫びをしておきたい、過信は対ロシア感覚と変わらないが、少しは反省しておきたい。

日本は大陸に繋がる陸続きの、陣地、領域が欲しかったのであろう。この日本国の大胆な行動は、ロシア南下によるシベリア鉄道の開設、または中国の韓国支配の独占が大きく予想され、そこに占領基地を設営されたら、日本は行き場のない海の孤島にされ、全く孤立する。この予測される日本国の将来に的《まと》が絞れず、このままでは将来の作戦が纏《まと》めきれない現状になる。中国と韓国の間に楔《くさび》を打つが如く、承知で一歩前進をした。これが韓国を間に挟んだ日清戦争の始まりである。読者もここまでは確実に押さえよう、そして日清戦争は一年もかからない短期戦争であったことを前述済み案内から思いだそう。

第四節　日清戦争の結果と恩賞

・（大日本帝国としての本格的な戦争は初めての経験であり、この日清戦争に勝利したことが、大きな自信となった。アジアは日本国の庭であるといった過信が、その後の世界観を変えた。この自信が大日本帝国と、大東亜地区はアジアにおける唯一の列強国の支配にあるという、自負と高揚感が大きな基盤となって行く。日本国が管理すべき土壌であると、日本国民も国家もそんな考えに充満していく。そんな思想と思考から過信が大胆な判断を招いた。そして、少し寄り道をするが、この過信体質は戦後の復興とバブル経済崩壊する下地にもなった。外国と領土を掛けた戦争は、勝てばよいが、失敗すれば自国の立場と国家秩序という、ランク付けを容認しなければいけない。そこでまた勝つために、金と技術を身に着ける。だから戦争はこの世からなくならない。この国家秩序の上位をどの国も、虎視眈々と狙っている。プーチン大統領はバイデン大統領のより下位に存在していると誰が決めたと怒る。核爆弾の数はロシアの方が断然に多い。どうしてアメリカ合衆国よりも、ロシアが低いと誰が決めたと怒る。この国家の秩序を決めたのはアメリカであり、プーチン大統領。その順位を決めたのは貴方であり、大ロシア帝国でしょう。そして一番もがいて、悩んでいるのは北海の白熊、あなたではないでしょうかと）

戦争という語彙《ごい》は殺し合いを想像するであろう。確かに莫大な戦費を掛けて一年満たない（九ヶ月間）争いは、決着が早すぎるということになる。それだけ机上の理論交渉で、ある程度の妥協線が見えてきたということである。前節で詳しく触れたアヘン戦争やアロー戦争による、理論的な下地の見えるプロセスを踏んだ結果的な小戦争を土台とした交渉の結果、その背後からロシアもアメリカも便乗的立場で有利に国際的立場を築いた。日清戦争が短期決戦の理由はここにある。

＊日清抗戦の動機であった朝鮮半島と遼東半島、および黄海で三度にわたり交戦し日本側の勝利とみなせる日清講和条約（下関条約）の調印によって終結したとされた。簡単な一文で終了しているのは、日清戦争が日本国にとって初陣であったし、鷹揚な清国が敗戦を認め、初陣の大日本帝国がロシア、ドイツ、フランスの欧州連合による三国干渉により「遼東半島」を返還させられた。このことにより以下の内容で妥結したが、大日本帝国の面子の保持と、本格的な国際交渉の未熟さを露呈しないように時間稼ぎをした。この時間稼ぎは誰の案策であったか筆者は知らないが、その後の日本国の運営に、大きな腰だめに備えた対応であった。

◇ここで日露戦争と比較の為、日清戦争の成果を一覧しておきたい。

①清国は朝鮮国が完全無欠なる独立自主国であることを確認し、独立自主を損害するよう

な朝鮮国からの清国に対する貢・献上・典礼等は永遠に廃止する。
②清国は遼東半島、台湾、澎湖《ほうこ》諸島など付属諸島嶼の主権並びに該地方にある城塁、兵器製造所及び官有物を永遠に日本に割予《かつよ》（予約）する。
③清国は賠償金二億テール（三億一千万円）を日本国に支払う。その他、兵隊の給与相当を含む他。

※この日清講和条約（下関条約）の意味は大きい。大日本帝国が初の海外の大清帝国との戦争で、対等かそれ以上の成果を得ることができたので国家、国民も諸手を挙げて、犬猫《いぬねこ》抱いて、日本兵の帰国を大歓迎したが、大本営と中枢幹部は「戦争は儲かるもの」という甘くて大きい菰樽《こもだる》の中身と、酒の味を知ってしまった。この後にロシア帝国が大きく立ちはだかる北海の白熊の雄叫《おたけ》びが、豊富な大資源から吹き上がる石油や、北極海に眠るサケ・マス・ニシンがトラックに載せられ走り込んでくるような妄想を抱きそうな、大日本帝国と国民と勢いだけの新聞記事である。

一部の出征兵士は現場の状態は熟知していたであろうが、次に予想する大ロシア帝国の国家サイズと兵力を知らない。大日本帝国は国を挙げてのてんやわんや大騒ぎであるが。

舞台を次に進めていきたい。

第五節　三国干渉の意義を紐《ひも》解く……

一八九五年四月二三日　ロシア・フランス・ドイツの対日勧告の意思表示。

以後、日露の戦争への立ち位置は明確になるが、明確だから行動がしやすい、だから事態が、日本国にとって好転するということは全く限らない。そこは読者も予想する範囲であろうが、大日本帝国の外交は迂闊《うかつ》に行動をとれない。遼東半島の利権は大きい、どこの国も利害が絡む。そこを改めて確認しておきたい。遼東半島の位置を確認するが、遼東半島とは、朝鮮半島と清国と朝鮮国の合流する根元《ねもと》であり、首都北京《ぺきん》と旅順《りょじゅん》、大連《たいれん》の重要な都市を割譲して市場の開放を意味する。

冒頭部の図上で確認しよう。三国から、異議ありの干渉は、日本による遼東半島の大日本帝国領有化は極東地区を、永代に平和利用の障害になることが予想されるとして、その利権の放棄するように勧告した。

「日本国の独占使用は公共の利益に反するし、朝鮮王国の独立権を犯すことになる、抽選《ちゅうせん》国の独立権を否定することになる」と言ったロシアの割り込みであるが、日本国はこれを受け入れた。この三国干渉の主張の中心がロシア帝国であったが、それ以外の列強国はイギリスを除いて殆どが新興帝国の日本国の漁夫の利的条約の締結に清国の弱腰は非難を浴びた。新参の日本国は三国からの干渉を受けざるを得なかった。この経緯は筆者も致し方ない対応であったと思うが、読者は如何に学習されようか。読者はこの後の文章の流れをよく読み込んでみよう。

異論も多かろうと推測する。欧州列強国の集団決議案は大日本帝国にとって、初めての海外戦争であり、実力交渉で決定した日清講和条約（下関条約）である。何故にロシアが干渉をしてきたのか大日本帝国の国民は熱意・決意・遺恨に燃えた。国民感情としてはわかるが、初めての利権に横槍を刺された心境である。直接条約の締結に立ち会った陸奥宗光は歯ぎしりを噛んだ叫び声を称えて「臥薪嘗胆《がしんしょうたん》」今は只《ただ》、耐《た》えるのみの己が心底をさらけて、病床から鞭打って呼びかけたであろう。今は堪《こら》えて、明日を見ろ、それまで俺の後ろで耐えて待てという懇願と強弁の心境であった。最後の一文は筆者の思いに過ぎないが、耐え忍べという一念であったのであろう。実はこの三国干渉という列強の阻止行動は更に内容が深い。先に述べたロシア、フランス、ドイツの三国以外にも大日本帝国の行動に深く感心を持っていた。そこを読者と共に奥行を拡げてみよう、其々《それぞれ》の立場と行動を。

◎三国（ロシア・フランス・ドイツ）以外の国の大日本帝国の行動に対する関心度合に触れてみよう。

＊三国干渉ひとつの流れ、その㈠

三国干渉はロシアの呼びかけで、フランスとドイツに働きかけた。ロシア最大の目標は将来的に朝鮮王国の沿岸地帯（ウラジオストック）の周辺に不凍港を開設したかった。ところがロシアが東部地区に不凍港を開設すればイギリス・フランスの経済活動に於いては（アジア地区における市場への独占進行）は大きな脅威である。

北海の白熊の力勝負が恐ろしい。そこが世界の列強諸国の最大関心事である。巨大な生産基地と資源が強く、更に世界貿易のウエイトがさらに伸びる。現在もそこにあるロシア

×ウクライナ戦争の紛争理由のひとつであると思う。ロシアの市場開拓作戦である。筆者の狭い見識であるがこの点は譲れない。一方でロシア、フランス、ドイツは揃って、三国干渉による遼東半島の返還を日本国に迫《せま》り、返還をさせた。ロシアは清国に対して「日本国に譲歩させたという」、その功績に見合う要求をした。

騒いでも静観しても、敗戦国の大清帝国の身は細る。群がるハエも払えない。この弱肉強食の帝国主義による後始末は勝ち方の作戦も必要であるが、場合によっては勝ち方よりも負け方の方が重要である。ロシア国には現代史の中に自らの作戦とその展開に弱腰の行軍はないであろう、厳冬の戦を自認するプーチン軍は負けることは考えない軍隊であろう、スターリンも同様な決断であったかどうかであろう。近代史に戻るとしよう。

＊ひとつの流れ、その㈡

日本に干渉を加えてきたロシア、フランス、ドイツの状況を覗《のぞ》いてみる。ロシアは国内の工業化を計画していた。予《かね》てからアジア進出は狙っていた計画。そこでロシアは日頃から、アジア市場の開拓を念頭において作戦を立て、シベリア鉄道の開設《かいせつ》を考えていた。その開発資金への投資と進出を勧誘して、清国と互いに歩幅を寄せていた。一八九四年に露仏同盟を結び、ドイツ、オーストリア、イタリアの三国同盟に対して一刺したかったが目障りである。更にロシアは三国干渉の成功の恩稼ぎに、一八九六年に露清密約を結んで満州を横断する東清鉄道の敷設権を認めさせた。

ドイツ、フランス、ロシアは同一市場で開拓に合意、同調出来る国家体制同志であった。どちらにしても、これらの欧州諸国は大日本帝国という東方の国家が大清帝国から対等以上に交渉して、ドイツ、フランス、ロシアは同一市場で開拓に合意、同調できる国家体制同志であった。どちらにしても、これらの欧州諸国は大日本帝国という東方の国家が大清帝国から対等以上に交渉して、先進諸国を出しぬき、東アジアの清国、韓国に繋がる市場の開拓に躍り出たことに驚き警戒した。そこで、大国以外の中位クラスの東アジア攻略の作戦が大きく崩れた。そこに最も慌てたのは大ロシア帝国であり、三国干渉はなくても後に続く日露戦争は避けられない大日本帝国の前途であったことは細かく、敏感に理解しよう。加えて、朝鮮半島辺りの海上交通はどの国も独占はしたい。筆者はこの流れについては当然の推測と思うが、読者は如何様に思われようか。もっとも朝鮮半島の韓国の行動は注目の的《まと》であったと思う。この海域に航路を持っている国家は何れ、標的にされたであろう。

＊ひとつの流れ、その㈢

日清戦争後の清国で意外に表に出ないで、潜《ひそ》んでいた伝統も歴史もある国家がいた、それは大英帝国である。その資料を調べてみた。日本国は日清戦争以前から、ロシアが日本の勝利と領土の獲得を強く、警戒していることを承知していたので、ロシアと対立した場合はイギリスを味方につけ、その仲介を期待していた。下関条約第五条で長浜、重慶、蘇州、広州の新たな開市（経済市場のオープン）を加えたのは後々に、イギリスからの支持を受けることが目的であったとある一文と資料を見た。

「日英通商航海条約」を一八九四年七月一六日に英国の側から催促があったような文献である。その一文のそこを見よう。

「大英帝国としてロシアの行動を監視します。場合によってはロシア情報を日本国に配電いたします」といった内容である。大英帝国とこのようなナイスな条約が締結されていたとは全く予想を出来なかったが、蜘蛛の糸を絡《から》めるようである。

英国は日本国を信用するというよりも、ロシアの社会主義国の独走態勢の行動を監視して、資本主義社会の行く手に一部の可能性を残した先行的判断で、世界の行く末を案じた、日本との条約であったと筆者は推測する。大英帝国は流石に先進国のリーダーシップであろう。ウクライナ×ロシアの今日戦においても、英国が動きのカギを握っていることは読者の各位も充分に承知されていることをメディア報道は、英国と米国の行動を具《つぶさ》に捉えている様に見える。しかしロシアのプーチン大統領に対抗しようとは全く思っていない。管見で浅学な筆者は即座に反省をしたい。

もっともそこにある判断は、大英帝国を中心とする世界地図作戦を基準にした構想である。朝鮮半島事情を読者も参考にして頂きたい。このころの大英帝国のブランドは米国と並ぶ価値ありである。日本国はイギリスがロシアからの三国干渉の一国として参加する様に交渉があったのを断ったという情報を知っていたという。しかし三国干渉に参加する意図はもとよりなく、単に傍観しただけであったとも書かれてあった。

ここに書き揃えた「ひとつの流れ」、この情報と文脈は、読者の流し読みで十分である。しかし、清国という国家が存在していなかったら、また別式の日本史と世界史が展開されていたであろうことは確信している。

余談であるが、戦争行為は相手国をこの世から抹消することではなく、将来に於いて戦勝国が、以後、自国の行動が有利な立場になるように同盟国にして、前途をそれとなく拘束する従属関係（ゆとり・余裕）を維持することが最大の目標である。間違っても相手国を地球上から抹殺することではない。従ってウクライナもロシアも戦術核爆弾を使い、消滅させることはない。敗戦国はそのまま生かして残す。そして勝利国の前途に役立つような役割をさせる。

敗戦国がそれで蘇れば、後世に於いてそこの国民に大きく感謝され、勝者の理論に完全に洗脳され服従するであろう、プーチン大統領も将軍たちも投下したロシアの核で自国の国民が被爆するような作戦はあり得ない。この意見は筆者の素人感覚であり、関係者各位には腰を低くしてお詫びをしたい。次は日露大戦でありますし、第一次・二次世界大戦は更にヤヤコシイ学習であることを考えて、一息休憩を入れましょう。読者もそこは「休むもよし、進むもよし」である。

第三章　日露戦争　一九〇四年（大東亜共栄圏構想へのステップその二）

第一節　日清戦争終戦から十年経過後の日露戦争

・（日露戦争は見かたによっては日清戦争の続編のようにある。時代は経過していても、世界大戦の予兆のような歴史案件であり、その戦争の原因の元となりし事件は、主なる原因・要因はアヘン戦争後の仲介相談や、またはそれ以前から引き続き継続している歴史的案件が多い。矛盾する箇所は日清戦争の舞台まで戻るか、それでも困難な箇所は我らの手作り年表まで戻り、歴史学上において不足事項・案件のある場合は自己流で加筆されたい。いずれにしても帝国時代といえども、その国内統治が充分でなく、内紛状態跡目相続が一本化できない内乱は、何れ何処かの拡大作戦から逃れられない事態となり易い。そこを我等は迷わず捉えよう）

第一項　日露戦争（一九〇四年二月〜一九〇五年九月）

如何《いか》に大日本帝国といえども、次の対戦相手の露国との戦争支度が、国民も軍隊も兵士たちの心と、傷を癒す余裕があったであろうか。日清戦争の成果に大日本帝国もその臣民も勝利の酒《さけ》に沁《し》みたのか。三国干渉の受理の時点で、既に日本国はどの様にあるべきかということを、天皇陛下から庶民まで、その行方は軍部も内閣も含めて呼応した様にあったとみる。つまり、大日本帝国の皇軍兵士たちは、世界に冠たる最強軍団という、国民の固い支持と信頼によるものであるが、その主たる要因は、日清戦争の賠償金による補填金が、充分であったことにもよると筆者は独断する。それは何よりも、政界が国民の支持を得ようとした結果であると筆者は思う。村の村長さんもその家族も、日本国の前途に万歳、万歳としか言葉にできなかったであろう。従って格上の「ロシア」との戦争は、国家総動員の空気であったであろうと、筆者は推測する。ロシア相手に勝利すれば日本国の経済は更に向上するという、政界と村長さん。（ここで村長職を揶揄するものではない。当時の村長さんは現在の市長以上の地域の有力者であったことを知りおかれたい）の意見でしっかりと纏《まと》まったのであろう。それがあらぬか、日清戦争よりも日露戦争の乃木将軍とか二〇三高地の英雄物語の映画活劇が後を絶たなかった。「明治天皇と乃木将軍」の話は誰もが知っている当時の傑作商品であったと思う。この時点で読者の意見はわかれるであろうが、それでも充分な知識であり、彷徨《さまよ》わない歴史学であろう。他方で「戦争」という外交的、解決方法として、大日本帝国の哲学が浸透し、軍部の行動が過激化したことも加える必要のある学習の一点である。

☆読者のここまでのお疲れを予測して、気楽なテーマに立ち寄ることにしよう。嘗《かつ》て日露戦争案件で何度も小説・映画化になった題目名を列記して皆さんに紹介しておきたい。「二〇三高地戦闘」と「バルチック艦隊」「乃木将軍と明治天皇」、「秋山好古・真之兄弟と正岡子規」の活躍等の見出しを紹介してみるが、承知の読者は飛ばし読みとされたい。歩調が揃えば次のテーマに進もう。

※日露戦争の規模

一九〇四年（明治三七年）二月より、翌一九〇五年九月まで日本とロシアが朝鮮と南満州の利権を巡って戦った戦争である。日本は十二万人の兵士の戦死者、戦費二十億円を費やした国際戦争であるが、日清戦争よりも激しく、美談も重《かさ》なり、後世に多く語られた逸話は沢山ある。その一群を紹介しても、それは日本史学としての美味しいところ取りの美談ばかりであるが、そこは読者に譲り頂《いただ》いて、著名な書物の参考にされる程度の見出しに引用する知識とされたい。

国際戦争が終わると何かが変わる。日本国を見よう。大きな国際秩序の変化は、大日本帝国が世界の列強国の一員として、よくも悪くもあるが、往時の高い評価の日本国の有り方に、率直な理解と感性を歴史に学ぶチャンスである。この対ロシア戦争は大日本帝国の勝利戦争として、都合の良いその片面だけ見れば、大変な歴史的案件である。

第二節　こんな学習チャンスは二度とない

日清戦争は既に触れたが、開戦以来一年も経過しない戦争で、頭脳だけで漁夫の利を得たような一面がある、日清戦争の恩賞。

死者を愚弄するようなこの言いようは多数の反論、異論者があると思うが、筆者は罵詈雑言も受けてもよい。それくらい国家的な犠牲と恩賞がマッチした清国の中華秩序に歩幅を合わせたような対応で、遼東半島周辺の利権を得た一面はそれなりの事態の好転があり、賠償金も国家予算の一年分と、遼東半島の割譲と事実上の大韓帝国の支配権を活用して、以後の好転を期待したように対応できたところは確実にある。

「勝って兜の帯締めよ」の格言が流布したかどうかは知らないが、死者が出ようとも勝ち戦《いくさ》の非難、悪口はできない。それが平民の感覚であろうが、二万人とも言われた戦死者の関係者は歓喜に耐えられない。日露戦争の戦死者は過去のものであるが、ウクライナの戦死者は、昨日《きのう》の暗転、今日《きょう》の我が身。

お気の毒の言葉も小さくて届かない。それでも戦争はなくならないし、よいことではないが、戦う前日前夜までは、負けることを互いに予想しない。

さて、読者も筆者も、日露戦争の舞台に戻って歴史に学ぼう。

「三国干渉」の背後にロシア帝国の南下があることは必定。周囲国はそこを突く。

この南下政策は避けがたい。日清戦争後、十年も経過しないにも拘わらず、日露戦争を避けがたく、戦争の準備期間としては充分とは言えない。緊張感が日本国の全土に響き渡る。今、この時、国家上げて万端《ばんたん》準備致さねばならぬ、大日本帝国とその兵士の立ち姿と、それを見送る家族の心境は、いかばかりと思うがどうであろう。

往時の新聞がよく資料の一部として掲載されることがあるが、全く連戦連勝の日本軍の行進姿が、挿絵《さしえ》になったものをよく見る。そこには来るべき日露戦争の今日のおかれた日本国の立場と、日本国から見ると充分と言われる見識も多数にあると思うが、それでも予期せぬ利権の取得が沢山あった。そこを責めるつもりは全くない。利権・利得は頂ければそれはそれでよいではないか。

先ず世界の秩序がどのように組まれたかそこを認識して、その後の大日本帝国の行動を理解したい。

第三節　正しく学ぶ大日本帝国の利権と立場

「日露戦争」。大日本帝国にとって、朝鮮領土よりも満州大地の資源が欲しかったことは事実であり、その点については、既に何度も触れた。日本国に対してロシアは南下して韓国の不凍港を開設する利権を得たかった。ここに一見すれば、日露会談の余地があるように見えるが、そんなことはない。

どうしても「戦争」をしたかったのは大日本帝国である。そして、それよりもロシア戦争に対して、イケイケの姿勢は日本国国民の総意であった。「露助《ろすけ》、ユルスマジ」といった号外が舞い散ったとの文章を聞いた。まず国民・世論の誘導である。講談の世界のようであったかもしれないが、日清戦争の時の利権と報酬が、国民の予想を超えた弁償補填額であった為に、ロシア相手の戦争ならば必ず「日本国も天皇陛下も万歳」といった、てんやわんやの大騒ぎであったというが、筆者にはわかるような心地もするが、読者の皆さんはどうであろう。微細に触れる歴史的運命がある。

日清戦争に勝利した大日本帝国は何れ、ロシア、ドイツ、フランスの何処かを相手に一戦交える運命となることは必然であった。日本国は特に満州地区の開発に執心《しゅうしん》していたことは、読者も確認されたことであるし、清国の満州開発は喉から手が出るほどの埋蔵資源であった。

★「黄禍論《こうかろん》」、こんな批評は筆者も知らなかった

十九世紀末から二十世紀初頭の欧米諸国の論壇において「黄禍論」と呼ばれる議論が現れた。黄色とは、黄色人種脅威論《おうしょくじんしゅきょういろん》（ドイツ・ウィルヘルム二世）。人種差別の一種である。その国家である中国・朝鮮・日本・その他のアジア人種を指す。「ヨーロッパの諸国民よ、日本、中国の行動に注意しろ」「アジアは恐い。日本は恐い。ロシアは早く（アジア黄色国家）抑えておいたほうがいいですよ」とロシア国にロシア戦争の開戦を奨めたデモクラシー運動であり、白人至上主義と背後にキリスト教の布教作戦であるが、何時《いつ》の時代も宗教の布教活動と、教義の押し売り如きにはあまり感心はできない。

日露戦争の結果、日本はアジアからの独立が達成された。しかし、この結果は世界の列

強国の予想するものではなかった。ロシア帝国の戦闘態勢と満州・ウラジオストックへの南下侵攻の妨げとなり、ロシアはフランス、ドイツと共同作戦で朝鮮半島の争奪戦を対象とするも、日本とイギリスは互いに最恵国待遇の条約の締結（日英通商航海条約・一八九四年）を結んでいたことは先にも触れた。ロシアの後方に大英帝国の存在は日本国に於いては、安心材料としては大きい。またフランスとも陸軍軍事留学生（秋山好古《あきやまよしふる》）も二〇三高地作戦に参戦できるほどの国家的交流もマイナス材料ではなかったであろう。

第四節　日露戦争が日本国にもたらしたもの

・（何度も触れる日露戦争の意義は、日本国が本格的に世界に列強国として連座することを、公認された重大な出来事であったことを、それぞれで解釈の物差しを用意して、学ばれるように一文を揃えてみた。無論、先刻に充分承知されている読者が、復習に相当されるような知識であれば、教壇上からモノの言える教養人であると励ましたい）

第一項　世界の列強国が日本に寄せた道案内

日清戦争は帝国時代の代理戦争のような立場のようなものであったが、これから学習する日露戦争も同種の知恵を与えてくれた、先輩格の列強諸国の代理戦争である。戦場とそこに関わる利権受益国家が、陰《かげ》に、日向《ひなた》に暗躍して、結果的に漁夫の利（利権）を得られるポジションに現れてくる。

そのような例え話のような現象でも、勝てば官軍と言われれば、諸外国も迂闊《うかつ》には動けない。そのような点から見れば、日清戦争の結果、アジアからの独立が達成され、日露戦争の結果で西欧からの独立もされたということになる。この現象は事実であり、日清、日露の二つの世界戦争を乗り切った大日本帝国の存在は、それなりに輝いた東洋の不可思議な近代国家のような存在になっていった。

しかしここらあたりから大日本帝国と天皇陛下の世界を見る景色が、微妙に変化して、大日本帝国と大東亜共栄圏構想が具体化してゆくことになる。戦争が起きれば世界が変わる。

第二項　日清戦争も日露戦争も代理戦争

・（この第二項の舞台裏は中々知れる知識ではない。ここで素直に学習しよう。ここまで講義をする教壇は少ないと思う、加藤陽子氏に感謝したい、筆者はこの舞台裏を全く知らなかったが、この舞台の裏表が理解できないと近現代の戦争史は混沌とするばかりである。商船は商品も持ってく

るが、商品よりも値打ちのある情報を運んでくる。そこを知ろう）

日清戦争が始まる直前にイギリスは、日英通商条約を締結して対日不平等条約の一部改定を約束しつつ、日本国の背中を押した。日露戦争の前にアメリカが日本国に対する不平等条約の改定をした。日米通商条約（江戸時代の締結条約）をアメリカの方から不平等条約の改正をしてきた。これらの行為は、全世界の諸国ともこの世界共通の条約の新内容で貿易をさせる事を公認したことになる（一九〇三年十月八日）。

これは日本国に対して大変な資金援助ということになる。これに対して、日本と清国の通商条約の改定は「日本は東三省に於ける満洲部分の門戸開放をやります」という合意の締結でありましたということである。これはアンチ露国に対するやらせの「清国」・「米国」の合意である。これは先にも触れたようにすべて合意の前提の商談であり、正面から日本国を応援することを憚《はばか》った行動であることを、読者も知りおこう（『それでも、日本人は「戦争」を選んだ』加藤陽子著　朝日出版社）の一文を参考）。この時代に大英帝国とアメリカ合衆国が共同・合意の条約をすれば、それ以外の日本貿易は例外するところなく、密な内容となることは理解して頂けると思う。

＊隣国の半島の事情に少し触れよう。日本国から見れば、こうなればどうしても欲しい韓半島。大韓帝国という国名はありそうでなかった。実際には李氏朝鮮王国が存在し、一八九七年に「大韓帝国」と国名を変えて、独立国家であり、その証明に清国と同格であるという国名に改正した。

その国名は一九一〇年の日本による韓国併合まで続いたが、同年八月二二日、韓国併合条約を締結し、以後、一斉の統治権を完全かつ永久に、大日本帝国皇帝に譲与することとした、これを韓国併合という。今日の日韓情勢とは全く異なることを充分、理解して歴史を学ばねばならない、注意しよう。

第五節　日露戦争の大作戦（日本海大作戦ともいう）

・（日露戦争までの大日本帝国の軍隊のあり様は陸軍と海軍は全く別の兵力であった。しかし、この日露戦争では、それまでの模様とはスタイルを変えた。日清戦争の時、艦船は兵隊を戦地に運ぶ輸送船団であり、鬨《とき》の声は敵軍に自軍の軍勢の大きさを知らせ、戦闘意欲を無くさせる手法であったが、時代が大きく作戦を変化させた。皇軍は世界を基準にして成長した。現在でも経済と国防は比例する問題である。岸田総理も一部は乗り越えたと思う。そこを視る）

この度の日露戦争の戦場は、二〇三高地、旅順という丘に構えたロシア陣営が銃砲を撃ち下ろした。日本兵はそこに打ち向かうための一直線の山登り、砲撃戦。そこは死人の山。八月～十月と敗戦模様の連続であったが、第三次旅順総攻撃では味方の死人の山を踏み越え、敵陣を撃ち倒し、占領して勝利を収めた。陸軍は掛け声、鬨《とき》の声を大きくして、同僚の兵士と共に一丸となった大軍。多数の闘いになるとはいえ、作戦内容も敵方への接近も違っていた。戦場が違えば、目的も違って当たり前。陸軍は地上、海軍は海の上であるという考え方が大日本帝国では先戦《さきのたたかい》までの常識であった。

しかしこの時代の戦う様子が大きく変化してきた。戦場は岬や湾に停泊している艦隊が、徒《ただ》、待機《たいき》しているだけの場合もある。陸軍は鉄砲・手刀《てがたな》・軍刀《ぐんとう》・ピストル・銃砲の接近戦。一方の海軍は戦艦。海上から揺れる船舶力と大砲である。戦場からの発砲である為、あそこら辺りへの狙いでよいだろう、のアバウト戦法。陸・海軍、いずれもそれなりの武器の効力であろうが、日本陸軍の兵士は二〇三高地（ニレイ山）に到着する前に、一直線攻撃（縦型布陣）をベストとして、特攻隊総攻撃で、かなりの兵士（六万人）が撃ち殺された。

戦場の二〇三高地は、この丘をめがけて、旅順湾停泊中の露軍艦（バルチック艦隊）から撃ち込まれたら、大日本帝国の皇軍は絶滅していただろう。海軍はT字作戦でバルチック艦隊の進行妨害で陸軍への攻撃を防衛する。

日露戦争は、露軍を包囲して有効に勝利するために、日本軍の陸軍と海軍に対する共同作戦をして、二〇三高地の露軍とその旅順の近郊湾にいたバルチック艦隊が合流する前に、大日本帝国の海軍が海上のロシア軍の駆逐艦を玉砕させた。この闘いは日本海大作戦としての大勝利。これは日露戦争が初めての日本軍、陸・海共同作戦であった。これも米軍からのアドバイス作戦であった様に「モノの本」にはあった。最もこの大日本帝国の海軍と陸軍は、常に仲違いをしながらも、帝国日本の「天皇陛下」と「神民という姿の国民」。その期待に備《そな》えんとする日本国の大和《やまと》戦士《サムライ》の姿と称《たた》えておきたい。更にこのロシア帝国との局部戦争の軍資金は大英帝国とアメリカからの国債借款があったことは知っておきたい。これらの行動は帝国主義の勝ち組の作戦であり、負け印の国家は、その時は帝国と言われていた存在であっても、連続に勝利を続けることは中々、困難であろう。くどい言い方であるが、大戦の日清・日露に連勝したという事実が「アジア東亜」で唯一の国家である。世評は実力以上の評価を与えた。負けを知らないこの特攻精神が、後の大東亜共栄圏構想の正面突破の思考回路が単純化していった流れであろうと推測する。

情勢判断のよく、連戦連勝した国家が、その後も大国主義で、今日もその姿を示している。社会主義国家と民主主義国家の優劣争いとして現代にも残る。いやむしろ現代の方が、一度、敗戦したら元の鞘《さや》に納まり難《にく》い。ロシア×ウクライナ戦争も話し合いで答えは出まい。既に、戦場で亡くした命が多すぎると筆者は思うが、読者は如何に思われよう。何れかの国家リーダーが投降するか、捕縛されないとここまできたらいずれの国家国民の合意も得られない。

それでも、いつの時代にも、時代に相応しい、新しい理論と秩序が出来る。今、ロシアのプーチン大統領はロシアと社会主義国の実力を正しく評価させようとしているのであろう。それにしても代償が大きすぎよう。

第一項　日露戦争の決算報告、日露戦争は大日本帝国の勝ち戦《いくさ》

・（大日本帝国にとって日露戦争の勝敗はどうであろう。この戦争に敗戦をしていたら、その後の日本国の進む方向はどちらに向かっていたであろうか。歴史学に「もしかしたら」……はあり得ないが、現代に於ける日本民族の展望として、どうあって欲しいかを、今は亡き手塚治虫《おさむ》氏に習い、学童にＡＩ感性を持ち育つ児童の想像に期待したい、と思うのは愚策であろうか）

第二項　ポーツマス条約（日露講和条約）

この条約は一九〇五年（明治三八年）、アメリカ合衆国の大統領ルーズベルトの斡旋によって、日本国とロシアの間で結ばれた講和条約である。日本側の立ち合いは小村寿太郎（外務大臣）であり、ロシア国の立ち合いはウィッテ（前蔵相）であった。この戦争の展開は浪花節的美談が多い。しかし日本国の往時の文献書物を見る限りでは、日本海海戦後の日本国の戦争継続（経費と兵士）が限界にあったとある。更に日本国の方から中立の斡旋を依頼したとある。

この条約締結交渉は難題が多く、二転三転しての結果であったから、日本国民の反響はよろしくなかった。交渉内容が日清戦争時よりも弱腰であったという空気が国内に先行した。この心配、不安はかなり深刻に予想された。映画では勝者も敗者もなく互いに相手を褒め合って、分かれた。寧ろ友情ができ上がったような作品にされて、映画館で上演された。これは、日本国が互いに認め合った友情の確認をしたような作品に出来上がっていた。これは日露戦争が一方的な大日本帝国の圧勝ではあったけど、互いに友情が芽生えたという、シナリオであった。監督の苦労も理解できた。

我等はそこを覗いてみよう。日露戦争は日本側の完全勝利の戦争でなく、双方の痛み分けの結果であり、調停役が米国の大統領ルーズベルトであったことを斟酌《しんしゃく》して、条約の内容を理解されたい。この文献資料が完全な書本であるかどうかは、筆者が断定できる程の知識はないから、とても判定はできない。露国の管理する資料が全て開示されたか、そこもわからないがこのまゝ続けていく。

◎テーマは戦勝国、大日本帝国の対ロシア恩賞交渉事項五項目に移る。

㈠　日本の韓国（大韓帝国）に対する保護権を認める。
㈡　日本に遼東半島南部の租借権を譲渡する。
㈢　日本の南満洲の鉄道の利権を認める。
㈣　南樺太を日本に割譲する。
㈤　沿海州・カムチャッカ半島沿岸の漁業権を日本に譲渡する。

◎この他に鉄道、及び領地の租借権と大韓帝国に対する排他的指導権等を獲得したものの、軍事費二十億円を埋める戦争賠償金を受けることはなかった。この軍事費に対する評価が、日清戦争と異なるが、その時代の尺度まではとても戻れない。

＊これで条約は締結されたが、日清戦争後の賠償金内容とはかなりの違いがあった。

この結果には日本国の「神民」の不満は収まらない。

各地で日比谷焼き討ち事件のような暴動が起こった、時代背景をさらりと読者も筆者も理解しておくとしよう。戦争は必ず日本国が勝ってあたりまえ、になっていたような感触であるが、そこは素人判断であろう。ロシア帝国が勝利することを宜しく思わない勢力があったという事であろう。この時代からアメリカ合衆国は大ロシア帝国を宜しく思っていなかったかもしれない。

ロシアとウクライナ。本当はどちらに勝たせると将来の秩序の納まりがよいであろうか。公表することはないが密かに読者も考えてみると良い。家族に含めて他言するところではないが一八六七年、米国はロシアからアラスカを購入した。一三一億円でアメリカに譲渡された。誰が一番よい結果を得たか、各自で判断しよう。

筆者も至らぬ案件事項を、思想することもあるが、ロシアは世界の大地主であることがわかってきた。そこから見ればコザックは世界一の不動産屋であったかもしれない。

条約内容の大筋は前ページに五項目書き出してある。こんなものであったが、日清・日露戦争に勝った大日本帝国の世界的発言権は担保されたような経緯になる。

此の大日本帝国の天皇陛下と日本の軍兵の姿は単に戦場で戦死した、アジアの小国の次は日章旗の元に輝やいて写る。韓半島（朝鮮半島）と満州の利権を取り付けた日本国の姿は実態よりもより大きく、世界から見えていた筈。

この時代の不平不満、がやがて大東亜共栄圏の構想の土台になっていく日本国の土壌を知らなければ、歴史学は強気の解釈だけでは進めない。

次に進める日本政界の「一大変化」の話。極東アジアの黄色人種の日本国。少しは恐れられた列強・先進国家と思われたのではないかと思う。

第三項　初めての政党内閣　平民宰相、原　敬《はらたかし》

・（歴史学的に見ても、日本国が明治天皇を天下に頂き、大日本帝国として大きく、世界に前進するには臣民の声に耳を向け、聞くことのできる政治をするには、帝国日本の政党と、そこを議論する行政の担当者が必要である。選挙という政治行為が世界に民政国家としての、日本の姿を見せる時代がきた、これは大変な国体の進歩である、ここは試験に出題されやすい案件であるから触れてみる）

・原　敬　立憲帝政党。一八五六年三月～一九二一年十一月。原敬内閣誕生する。本格的

な政党内閣とあるが、筆者にはよくわからない。その後、世界の秩序は不安定であり、富国強兵策のいずれの国の戦闘行為にも参加しない国は、代償や報酬は得られない。行動なきところに報酬なしは、この時代の鉄則となっていく。この感覚がやがて、第一次世界大戦の入り口になって行く。

この時代の国家の重臣、リーダーは将来の自国のあるべき姿というものが、判然、または明確には理解できなかったかそれとも、他国の行動を見ながら、遅れを執《と》りて、他国軍の後塵を拝する事だけは、避けて行きたいの一心であったであろう。

粗《ほぼ》、世界の帝国の実力国家は、何処かの紛争に顔出しをした。植民地という領土が欲しかったからであるが、又一方でどれだけの支配下領域の住民から信用をされているか。嘗ての大英帝国の植民地からのエリザベス女王の評判は、悪く聞かされることはなかった。当時としては一方的におさえ切るような姿勢を見せず、英国女王の笑顔と囁きの一言を、添えた外交であったのであろう。

産業革命も富国強兵策も執れなかった、資源国は殆ど列強諸国の餌食となった。他国と争って、資源材料を確保するのは、その相手国の拡大路線政策を防止することになる近道であろう。

それまでの日本史学は、その両手の翼を広げ、世界地図を頭脳に押し込み持参して、初めての国際戦争であろう。

第四章　第一次世界大戦。他人の腰で相撲手を語る（大東亜共栄圏構想へのステップその三）

ここからが世界大戦である。

この戦争は日清・日露と幾分にして色合いが違う様に思う。大日本帝国の皇軍はこの世界大戦に参加するだけの実力と、見識があったのか、無礼な物言いであるが、少し触れてみたい。しかし全く無抵抗な姿でいたら何処からか、植民地の裾分《すそわ》けでもあろうか。それは全くなく、只、世界の対戦を、我、関せずの姿勢で傍観するだけでは、大日本帝国のこの全土が、他の列強諸国の山分けにでもなってしまっていたかもしれない。

第一節（一九一四年～一九一八年）の「枠組み」や「輪郭」を知る

・（この戦争は日本が参加すべき戦であったか、ここでも恐らく異論のあるところであろう。もし、この時代に、今ひとつの議論が十分にされていたら、その後の大東亜共栄圏構想に修正されるチャンスがあったかもしれない。そこで今、一時の思案が為されていたら日本国の行方がもう少し変化して真に歓迎される状態になったやも知れない。（その実態は先進国の領地の横取りに近い）このあたりの文意が読み取れない読者は「我らが手作り年表」（七一頁）まで戻り、各自で再確認をしよう。

日本国の置かれた舞台とその立場は、国際連盟の指定席。立ち位置を忘れてしまった、大日本帝国の大幹部たちに、少しは触れる。

オーストリア皇太子夫妻が暗殺される。この事件をきっかけにして、世界的規模の戦争、第一次世界大戦が始まる一九一四年。この事件から世界の貴族、文化人、宗教関係者はそれなりに、予感を感じていたのではないか。

ひとつの権力が散財を繰り返し、他方で知識ある、教養ある貧民階級が、このままの社会バランス、権力バランス、経済バランス等の有り方について不満を感じるようになり、時の権力者に退陣を迫る。

ロシアのプーチン大統領もアメリカ合衆国だけが、世界から最も優れた国家であり、国民であると思っていたら、それは大きな間違いである。そこを間違えると第三次世界大戦が起きるかもしれないとでも言いたいのであろうか。ここは筆者が先を読み過ぎたことであるが、この先のテーマは、第一次世界大戦である。

＊「三国協商及び・連合国」＝とはセルビア、イギリス、フランス、ロシアなど。

＊「三国同盟及び・連合国」＝とはオーストリア＝ハンガリー、ドイツ、トルコなど。

・（右の例示した国々は条約後の関係も常時変転していた為、文字通りの効果があったか、曖昧な箇所もありて、複雑関係である。その程度で感覚的に捉えておかれたい。昨日の友は今日の敵状態であった）

ここで筆者は誤解をといておきたい。第一次世界大戦の発端はオーストリアの皇太子夫妻が暗殺されたことに端を発したが、それはひとつの事件ではあるが、この暗殺事件がなくても、世界大戦は何れは必然的に起きていた。今そこにあるウクライナ×ロシアの導火線と同じ思考線のライン上にある。読者はそこを読み取ろう。

＊漠然とした物言いとなるが、次にこの世界的戦争の規模の大きさを見ておかねばならない。それまでに見ない程の大規模な世界戦争であった。第一次世界大戦の影響は世界中に大きく変化を与えた。

筆者は、世界に対する戦火の影響は、第二次世界大戦の方が悲惨で、世界諸国に大きな悲劇を与えたと思っていたが、必ずしもそうではない。世界に多大な影響を与えた、初めての世界大戦の為に、帝国主義国家以外の小国は、殆どが帝国の植民地として獲得されようとした。世界全体の戦死者約一〇〇〇万人、戦傷者は二〇〇〇万人と記録されている。世界は総力戦が常識になってきた。従って、死者の実数はこれを超えているかもしれない。

※　日本は日英同盟に基づいて参戦する。この日英同盟の足掛かりがなければ日本の大東亜共栄圏構想の存在も怪しい。読者の見識を越えて、この歴史上の視点は筆者に一歩、譲って歩を寄せて欲しいところである。

そして、ドイツが東アジアや太平洋に領有していた地域の「青島」に侵攻して勢力を拡大。日本国は大国の仲間入りをした、大日本帝国である。帝国とは新たに植民地を所有する国家体制が、他国により公認されるようになれば、帝国国家とされていた国際慣習のような言葉と筆者は捉えているが、ここではそれ以上に発言しない。

四年以上にわたった第一次世界大戦は、一九一八年十一月、ドイツの降伏によって終戦となる。

第一項　第一次世界大戦と戦場の舞台で踊ってしまったか、踊らされていたか

世界の戦況についてスラッと見よう。その結果、世界の主要国の立場が、新たな立ち位置をとり、国際秩序と立場は大きく変化したと、文献資料に絵地図が並ぶ。日本軍の死者数は一二五〇人である。これは日本国からの発表人数であり、実数は定かではない。

三国同盟（日・独・伊）一九四〇年の関わり合いか、青島《チンタオ》攻略の時の死者数は、一二五〇人（前述済）のようである。日本軍の第一世界大戦はここから始まった。ドイツは一度青島を侵攻したが、事態が好転せず（ドイツ国にとって）、紛争前のまゝの国境とか、領土の支配と利権に得心が出来ずに中断のままで終わり、不完全な次の舞台の顚末《てんまつ》で交渉は中断したようにある。ドイツは三国同盟を想定し、それらを確定させてから、日本国の領土として決定したかった。ところが雲行きは暗転し、日本にとって好転せず、大きな誤算の結果を記録するにつき、大日本帝国の姿としては、見栄《みば》えよしとせず。そのまま一九一四（大正三年）の第一次世界大戦に参加。日本国はドイツに形式上の宣戦布告し、青島の攻略に乗り出した。新しい国家「日本（ニッポン）」を世界に演出、大日本帝国の名を示した。政府も国民も満面笑みの大行進、これで日本中は大歓声であったであろう。「天皇陛下万歳」!!この場面は筆者の予想でしかないが、軽率ならばお詫びしておきたい。

※ひとまずここで小休止をするが、青島という地域を、このまゝにして放置するよりも、同盟国の日本国が臨時統治国でいるようにしておいた方が、その後のドイツ国の世界戦略にとって、都合がよいという判断である。

読者はこの関係が以後、日本国の行動が大きな強弁をする根源となったこの事実を捉え、大東亜共栄圏の根拠を学習しよう。

第一項の（補足）　次いで、世間の学生諸君の一方でこんな質問があるらしい。そこに目を移そう。この疑問は読者と全く同感であり、敢えて、ここで取り上げてみたい。

【第一次世界大戦と日本】という題目で勉強会があり、そこで若き学生さんから、「第一次世界大戦の間に日本が何をしたのかよくわかりません」の残酷な一言。

第一次世界大戦に連合国の一員として参加、とはいっても戦場のヨーロッパでの大きな戦闘に加わっていないようですが、日本はいったい何をしていたのでしょう?といった質問になりやすいらしい。筆者も同感である。

第一次世界大戦は確かに日本国家としては大きな戦争に参加していませんが、戦争の当事者とその関係国の行動をよく見て、戦争当事者の「利害と利益」の計算を巧みにして、損をしないように、その立ち回り方で『勢力の拡大・不況の打破』を計算していたという解答があったらしい。筆者もその顚末は良く知らない。大戦中の帝国軍の動きを観察して学生さんと共に学習しよう。

第二項　大日本帝国の実績

・（加藤陽子氏の『それでも、日本は「戦争」を選んだ』に「日本が一貫して追求したもの」とあるから失礼して、そのまま拝借して引用する）

日清戦争で台湾と澎湖《ほうこ》諸島を、日露戦争で関東州（旅順・大連の租借地）と中東鉄道道南支線（長春旅順間）、その他の付属の炭坑、沿線の土地を獲得し、更に日露戦争の五年後の一九一〇年（明治四三年）に韓国を併合しました。そして第一次世界大戦では、山東半島の旧ドイツ権益と、赤道以北の旧ドイツ権益と赤道以北の旧ドイツ領南洋諸島を得たのである。

この実績は大きい。大日本帝国の本国の統治の仕方について、マーク・ピーティー氏（スタンフォード大学・歴史研究者）がこんな高い評価をしているようだから此のまま続けよう。マーク・ピーティー氏、曰く「日本の植民地は全て、その獲得が日本の戦略的利益に合致するという最高レベルでの慎重な決定に基づいて領有された。これは今日の実績のある鉱山ばかりでなく、将来に見込み材料としての源鉱山とする為として（計画的・戦略的）の行動ばかりであった」と高く評価している。

従って第一次世界大戦は、日本は完全な勝利国であったと言える。しかし、この大日本帝国皇軍の行動はマル秘作戦ではなく、正面からの突撃作戦であった。確かに第一次世界大戦に於ける大日本帝国・皇軍の行動は、世界の承知した戦術・作戦であろう。

このぶちあたり作戦を成功させたために第二次世界大戦ではアメリカ・イギリスを敵にして、太平洋戦争＝大東亜戦争にあたって、勢いのある、ドイツ・イタリア・日本で「枢軸・三国同盟」を結んでしまったのか。それが主因《しゅいん》という説に筆者は信じがたい。ならば東條英機は金塊頭脳の天才指導者であったかもしれない、真珠湾攻撃・第二次世界大戦の作戦は、波々《なみなみ》とする大日本帝国の天皇陛下と、その従える皇軍の過信の力量か。この『彷徨える日本史』の最終本の文末は、岸田文雄氏と平和と自由と公平の大日本国として、燦《さん》然《ぜん》と輝く顛末にしなければならない。

第二節　第一次世界大戦の顚末を学ぶ

第一次世界大戦の顚末は、あまり詳細に語られていない（筆者の中・高時代）。国家が軍部を中心に展開してきたため、一族に軍人、又は政治家に関係を持たない商・農の一族は税金・穀物を納税するだけで、「強い日本国の兵隊さん」という「戦争、侵攻」の詳細と事実として、第一次世界大戦を深く知る人は案外少ない。

兎に角、「日本の兵隊さんは強いし、勇気がある」という町内の評価はよく聞いた。一方で二十歳前後の学生時代では、不謹慎な例えであるが、それは授業で深くは触れられていなかったからである。「八紘一宇《はっこういちう》」の国家体制を声高《こわだか》にできなかった。そして、納得できる。筆者の時代は試験問題の対象にするケースが殆どなかった。恐らく教科書はあっても指導要綱がなかったであろう。戦争は二度としないという「日本国憲法」は新憲法になっていた為、軍隊・戦争用の武器・弾薬・戦闘機は、全く必要はないといった日本国の「国体」であり、日本は平和国家として、大きく世界に羽ばたいた。ここはそれ以上説明できない。

※ここは大切な時代の転換期であること、近代史と現代史の境目になった昭和二〇年八月

一五日以降に発布・施行された新憲法であることを深く認識しよう。くどい説明であるが、日本国は第二次世界大戦が敗戦で終了した時から「現代史学」の始まりであること、知りおき、第一次大戦の歴史に戻る。

第一項　日・独の青島戦争の開戦時外交

・（日本は、ヨーロッパ諸国が戦争に気を取られている隙に、中国へ進出してドイツが持っていた権益を奪った。その開戦の事実に触れよう。大日本帝国のこの第一歩に失敗していたら、大東亜戦争＝第二次世界大戦の行方はわからない）

この第一歩は大きい。正に漁夫の利的な戦功である。ここから第一歩の学習でもある。青島近郊の地政学として、地形から見る。

※　青島作戦・侵攻その1

①日本は日英同盟を理由にして、第一次世界大戦に連合国側の勢力として参戦。ドイツに宣戦布告した。中国進出の為の布石の一歩。日本国にとって第一次世界大戦での初陣であ

り、イギリス・日本の連合軍で青島を攻略し、目出度《めでた》くここに足跡《そくせき》を残す。
②第一次世界大戦は日本軍が最初に航空機を投入した戦争であり、航空機が実践攻撃に使用された。この時点で日本国製航空機のゼロ戦があったどうか、筆者も知らない。読者の探索に期待する。

航空機に対抗する高射砲も参加させたとある。兎に角、参加した第一次世界大戦の勝利の第一歩である。この時点で、大東亜共栄圏構想はなかったであろう。この部分も読者の探索に期待したい。この戦争で日本は満州大連―芝罘《しふう》間線の通信線の所有・運用権を譲り受けた。それでも戦争開始から山東半島から青島砲撃まで二ケ月もの時間を要したことは、如何に初戦としても、時間がかかり過ぎたという評価であったらしい。

この山東省周辺の利権の取得（青島中心の権益）はその後の日中戦争に大きく貢献した。

※　青島作戦・侵攻その2　中国におけるドイツ権益を接収。

日本は、ヨーロッパ諸国が戦っている間に、アジア・太平洋地域に於けるドイツの根拠地へ接近。青島、山東省を接収し、更に、赤道以北のドイツ領南洋諸島の一部を占領した。大日本帝国の初陣はドイツ国を相手に善戦した。この流れは日本国の政府並びに日本国民の戦争に強い国家として、欧米に大きな印象を与えた。この初戦の結果が本格的な戦争に勝利すると、国家国民を豊かにするという現実的な利益点を知らしめた。

この理論の基に兵隊の戦死も戦略の方法という後付《あとづ》け理論が正当化される。

※　青島作戦・侵攻その3　二十一カ条の要求の内容。

日本陣営は、ヨーロッパ諸国が自国の戦の為、「中国問題」に介入できないのをいいことにして、中国の袁世凱《えんせいがい》政府に二十一箇条の要求を突きつけ、勢力の拡大を狙った。それにより、中国では反日感情が高まり、欧米列強も日本に対して警戒心を抱くようになった。

◎中国ばかりでなく世界の列強が目をむいて、驚いたその内容はどんなものか、我らも見よう。山東省におけるドイツ権益（権利又は利益）の継承。

・南満州・東部内蒙古《うちもうこ》の検疫（港湾、空港で海外から持ち込み、持ち出しする食品、動物、植物などが汚染されているかの検査等）の強化。

・福建省の他国への不割譲の再確認。

・日中合弁事業の承認。

日本国は当初、第一次世界大戦に参加する気はなかった。しかし、ドイツの勢力が拡大する中で、イギリスから日英同盟により、日英連合軍として要請を受けて参戦した。日本・イギリスの連合軍としての勝利。要請を受けて参戦し、艦隊を派遣して連合国船舶の保護にあたった。この日本国の軍事行動が、大日本帝国を第一次世界大戦に送り込む、第一歩としてデビューさせた大きな歴史的事件であった。

この送り込み作戦は、ドイツが青島戦の準備をしていた時、ロシア革命が勃発した。そこでドイツ帝国は、ロシア帝国に三国同盟に準じて、青島攻略をドイツ軍に代わって、日本軍が実践行動に移し、陥落したときは日本国は、ドイツ国と利権・権益等の交渉の余地ありと判断した。この理論の信憑《しんぴょう》性《せい》は疑わしいと筆者はためらっているが、それが事実であるから、日本の国民は「大日本帝国、万歳」の掛け声で列島は大騒ぎ。筆者には閉塞感をぶち破り、その想像が出来る思いである。

日本国としては、ここまでの軍隊の見かけと行動はよい。しかしこのロシア革命は、欧州の国家間では一大革命であった。本心にない案件に、皇軍の行動を命じた。ドイツから「一時的に応援して欲しい」との要請が本当にあったのか。残念であるが、筆者の知識では及ばない。

そうすれば大体、日本軍の行動計画に沿う絵図は充分描けるといったような、ドイツの日本国の抱き込み作戦であったという〝建《た》て付けの理論〟らしいが、ドイツは新米《しんまい》帝国の日本に預けておけば何時でも取り返せると思ったのであろうか。

一方、大日本帝国の立場に立てば、ラッキーパンチの一触であっても、戦闘行動を起こせば、何かが起こる、そこを承知で満州事変後の、日中戦争の足場にしたかった。

その行動がドイツとの一宿一飯の関わり合いを創ることが出来た。大きく羽ばたくならば、ロシアを日本国の隣国（韓半島）のそこに置いて、大本営作戦の実行と行くべきところ。満州と山東沿岸の青島攻略作戦は計算しやすい作戦である。今、ロシアは欧州を空き家にすることはできない。日本にとって、東アジアから東南アジアの作戦地図が描きやすい。ここまで東條英機将軍は先を読んでの作戦であったなら、大東亜共栄圏構想があっても、不思議には非ず、といった感想を持つ読者もいよう、日本国の領土が増える。日本国内の新聞が囃し立てる、大型広告が天空に舞う。こんな日本国内の空気を読者は見つけよう、興奮するであろう。

第三節　欧州の一大変化・三つの王朝崩壊、ヨーロッパ秩序激震

・（ヨーロッパでは、長い伝統を持っていた三つの王朝が崩壊してしまった。これが最も大きな変化である。第一次世界大戦の影響は、長い伝統文化に飾られた王位の位も、後世は血統も全く関係なく、その価値を変えた。この世界大戦が世界の歴史を大きく修正した。王朝国家間の新しい国際秩序のありよう）

まずそこを実感しよう。読者はそこを知れば、日本国の国体も絶対に変化しないということはない。

マッカーサー元帥は大日本帝国の根底を守った（東京裁判）。代位は東條英機の「責任の全ては我に有り」の一言ではないか。読者も筆者も考えてみよう。歴史に学ぶ日本史も彷徨い、学ぶべきところ。他言は全く不要とする。

※「三王朝国家の崩壊」の変化と悲喜劇を静かに学ぼう。

＊一つ目の崩壊　崩壊王朝ロシア「ロマノフ王朝」、一九一七年、レーニンとトロッキーに率いられた「ポリシェビキ（多数派を意味する語）」によって起こされた王朝と、ロシ

ア革命のこと。

＊二つ目の崩壊　ドイツ帝国である。同盟国側の中心であったドイツ。一九一八年、国内で労働者による武装蜂起が起き、皇帝だったビルフェルム二世が逃亡した結果、「ホーエンツォレルン王朝」が崩壊す。

＊三つ目の崩壊　オーストリア。ドイツと同じく同盟国側であったオーストリアも敗戦によって、あの高名な「ハプスブルグ帝国」がなくなった。帝政崩壊後の一九一九年、ドイツではワイマール共和国が生まれ、ロシアでは内戦の後、一九二二年、ソ連（ソビエト社会主義共和国連邦）となった。資本主義から社会主義への流れは、完全な理論と国体思想であるとプーチン氏は確信している。

資本主義思想は社会主義国家に勝つことはできないといったような思想のスタートはここから始まったと見てよいと思う。

ポリシェビキは「平和」・「土地」・「パン」をスローガンに掲げて民衆の支持を得て、「赤軍」と呼ばれる軍隊を指揮して、それまでの首都であるペトログラードを征圧し、世界で初めての社会主義革命を成功させた。この社会主義国家はコスイギン、フルシチョフ氏等の歴史を超えて、現在のロシア・ソビエト連邦社会主義共和国と命名し、その後に今日のプーチン帝国に至った。これ以上解説できる知識が筆者にはないからここまでとしておきたい。

第一項　第一次世界大戦の第一歩（大東亜共栄圏構想へのステップその四）

日本に於いては、天皇を中心とした立憲君主制による統治は揺るがなかった。

日本国の目算で中国の山東省・青島に進攻して、日中戦争の足場とポジションを得た。これは便乗作戦であるとは思う。しかし筆者はここでの「便乗作戦」をすべて否定するつもりはない。確かに青島侵攻は便乗作戦であっても、その後の戦局の変化に受けて立ち、東アジア拡大の戦略戦闘基地として底辺をそこに置き、秘めたる活動の根幹基地とする。この基本方針をここで語るとするのは、やや遅い。それは大本営の判断としても、中華民国の大地にこれ程、早い転換期が訪れようと思っていなかった。

＊慌てた大日本帝国の基本方針。他方で日本国、大本営の出先機関として、日々の指導の対応を変化させて行くか、という原点に戻ることが重要であろう。ここでこのような舞台裏を見せるのは、喜びの一瞬であろう。清国の国家体制を、大日本帝国のアジアの諸国を「八紘一宇」の如く市場を纏《まと》め、合体させられるかという大きな課題も手腕次第である。ここで大日本帝国の将来の予測を計りかねて、躊躇《ためら》っても、この機会を逸すれば、その後

に、ドイツ帝国が現行の青島により多くの基地を造成していくことになる。日本国がモンロー主義のモノマネをして、我関知せずの様子を独演することはできないし、大東亜共栄圏構想を一歩も引き寄せることはできない。

大日本帝国は今、「一億国民」の前途を拡大し完成させなければならない。

過激な発言の様で恐縮であるが、筆者は右翼ではないが、このような発言を支持することで、読者の幾分のお叱りは有っても、ここでは我慢をしよう。更に、第二次世界大戦で大敗はしたが、日本人の所業に一時的に、それなりの評価が陰にありて、戦後の経済と国民性に「八紘一宇」の信憑性に微《かす》かな応援が寄せられたとも、あったのではないかと、反論は承知の上で感心する、筆者と同じ年回りの世代の感想である。

第二項　国際連盟、発足

・（一九二〇年一月一〇日、第一次世界大戦後に、創設された史上初の国際平和機構。スイスのジュネーブに本部を置く。連盟の目的は集団安全保障と、軍縮によって戦争を防止し、交渉と仲裁によって国際紛争を解決することである、大変明快な文章である。その目的は良いとする。日本国は常任理事国に推挙された。何故にここで大日本帝国が常任理事国に選出されたのかを考えてみよう。互いに、意見を交換する勇気があると良い。ここで互いに意見が一致しなくても全く問題はない。

交換する勇気そのものが大切であり、そこで交換した意見は絶対に忘れないし、自分の意見も忘れない。二倍の学習量である。そして正解者がいなくてもよい。正解は教壇に求めよう。それだけで歴史学は満点に近くなるであろう）

※第一次世界大戦の顚末とその行方が、そのまま、第二次世界大戦に反映されていくのではない。常にそれなりの学習を常とする国民体質を、黙視することが出来たならば、又ひとつその先に、違った構想が描けたのではないかと、密かに期待をしている。

この考え方、思考は日本人にはよく理解できるが、欧米諸国の歴史では第一次世界大戦の終わりを、新しい世界秩序の始まりとみている、それが世界史学界の見立てである。ここに違いの有ることを、日本人はしっかりと理解しよう。

その国の歴史はその国の関係者または学者が正しく捉える事として、後世の国家、国民に寄与・貢献する学問でなくてはならない。

プーチン大統領は、今このまゝに、世界の歴史と潮流が決められては、ソビエト連邦・スターリンの時代の優越《ゆうえつ》が喪失されていくことになってしまう。予《かね》てから、それは許せないという視点で、襟《えり》を立てなおしたプーチン大統領の牙《きば》。ウクライナも嘗てソビエト連邦の一国であり、元の連邦構成国である。そこをはっきりするまでは、ゼレンスキーの行動（ＥＵ加盟希望の旗揚げ）は許せない。それを支持するＥＵ諸国は尚《なお》、許せない。その時代のウクライナはソビエト連邦編成時の有力で重要な共鳴参加国である。もっとも、ウクライナ国から見れば、社会主義国家の仕組みでは、連邦加盟国はただ一心に献上するのみの組織・国体であり、個別国家の自由と裁量権がない。自国の国体は自国民の総意で決めたいということであろう。それを公認すれば、社会主義国家は崩壊する、それではとてもプーチン大統領は賛同できることではない。今「ＮＡＴＯ」、入りの意思表示は、ソビエト連邦の団結集団に「大穴」の空くことを承認するようなことになる。

ロシアの核技術はウクライナのチェルノブイリ原発に端を発している。ウクライナはロシア連邦の友でもあるが、今は癌に見られてしまう。このまゝ、レーニン、スターリンが創った、世界の社会主義国家が、冒瀆《ぼうとく》されたまゝにして、歴史が積み重ねられてしまい、ロシアの汚点の歴史が残る。それは絶対に許せることではない、といった視点ではないか。ウクライナをロシアの従属下に置いた、世界地図を描き、後世に残したい。そんな希望のような、願望をロシアの国学者からの発言として筆者は見た。

世界に冠たる「ソビエト連邦一五ケ国の国旗を今一度、掲げたい」。その一存でロシア軍は、たとえ一〇〇〇万の兵士を揃えてもよい。名誉を持って、レーニン、スターリンの墓前に届けたい、この一存に賭けている。このあたりの一文は、風説に流されている評論であり、確たる文書を持っての感想発言ではない。単なる風聞《ふうぶん》を元にした蛇足《だそく》であるが。米国大統領バイデンもシンゾウ・アベも全く眼中にない、むろんトランプ元大統領などは顔も知らん……。

筆者はこの境地を思いやれば、第二次世界大戦敗戦後の宣誓供述書に「天皇に責任なし……責任は我にあり」と名言を残した、大日本帝国第四十代内閣総理大臣　東條英機と同じ境地であろうと察したいが、失言であればお詫びしよう。

☆ここで一休みに正しいこぼれ話をひとつ紹介したい。

社会主義国の戦争を知り過ぎているウラジミール・プーチン氏。武道が好きで剣道、柔道に精通している、そして現代期の今、日本の武士道の大家はロシア人の女性であることは著名である。日本の個人技が好きなのであろう。プーチン氏の胸の内を探る。これも筆者の推測でしかない。それだけの話でしかないが、筆者のイメージでは常に戦う闘志といった姿である、正義かどうかは筆者の器量では判断できない。昨日のＴＶ会談でこんなテーマが語られた。

「ロシアの幹部は全て体格の良い、レスラーのようなキン肉マンである。ロシア帝国の大統領は皆さんが、素晴らしく大きい。このタイプが好きなんですね」とのやり取り。これに対して「ハイ、そうです」と、思案する様子もなく即答であった。プーチンが選出されたときは、上半身を裸にしての乗馬姿であった。このアピールした映像は、大統領の姿としてどうかなと思うところもあったが、その姿はTV越しに世界の人々にPRした映像ではなかった。全てロシア帝国の国民の為に放映された映像である。日本の柔道・剣道に憧れるのは個人技で、自分一人でも充分に強いというアピール用の映像であると、著名な大学の女性教授の明快に言葉を遮《さえぎ》った言葉であった。

※現在の日本国の「現代戦争」の能力について、第三次世界大戦武器

そして第一次、第二次世界大戦の日本国にとって、往時の正しき主張とされた部分を、ラジカル（進歩的・科学的）目線で求めて、現代の防衛のベストを読者に承認させるべきであるが、そこを頼りに戦争が出来るほど、今日の科学戦争は優しくないであろう。だからと言って、米国の第七艦隊に手を振るだけでは、勝者の作戦は実行されるとは言いきれない。米軍の応援はあれどもそれなりの役割を果たさないと勝利はないし、敵方が日本に

手加減はしないであろう。それでは米国のバイデン大統領と、日本国の一見して、嘘の付けない岸田首相の「日本国の防衛力」はどれ程のものであるか。筆者は期待はしても中身は全くわからない。

筆者が「岸田検討使」にその政権支持率、五十％以上を期待するのは、誰の指揮によれども日本国の防衛力は、世界のレベルにあるかどうかを毅《き》然《ぜん》と国民に語るべきである。その上での言動を国民に見せる必要があろう。岸田理論は恐らく、その半数以上が「安倍晋三理論」であろう。いまここで論じられるべきはロシア×ウクライナの戦闘と、今後予想される台湾紛争について、日本も当事者であるという意識を持って、対応できているのか疑わしいのではないかと、筆者は杞《き》憂《ゆう》を拡大させている。

「周囲諸外国の緊張した情勢は、できるだけ事実として見たくない、焦《あせ》りは禁物である。戦争ありきで想定するは危険である」

米・中の会談の駆け引きを深くして読み、次に行動を改める。「国民目線」、岸田文雄総理大臣は国民の総意を深く聴くべきであろう。戦争は軍隊がすればよい。「五一番目の州」でよいのではないか。反岸田派の勢力が裏面《うらめん》活動を盛んにしている。反対の意見はよいが、その反岸田派は自らが次の選挙に臨む姿勢を、まず先に毅然とするべきところであろうとみるが、読者の皆さんはどのように思われよう。みんなで足を遠くするべきではない。次に登壇する「総理大臣はその姿勢を見せる」が基本であろう。このような岸田批判の物言《ものい》いも、過ぎた日の歴史の一部として、語るのは良いが本人が現役総理大臣として、生存のうちは歴史上の問題視扱いには馴染まない。筆者は、岸田検討使の支持者ではない。然し、先ず「現役総理大臣を支持する国民」である。毎年八月十五日を前後して必ずと言っていいほど、終戦特集のＴＶ番組が組まれてくる。先人諸氏が残してくれた国家、日本の現在に感謝したい。歴史の舞台に戻ろう。

☆国際連盟に参加するも常任理事国の栄誉を捨てる

第一次世界大戦後のベルサイユ講和条約の規定によって一九二〇年に設立された、世界最初の国際平和維持機構。集団安全保障の理念による国際協調の推進、地域戦争の解決などで、大きく役割を果たしたが、提案者の大国アメリカが不参加。ドイツ・ロシアの途中参加など、足並みは揃わず、世界恐慌後の、ファッシズムの台頭の結果、日本・ドイツ・イタリアが脱退し機能不全。第二次世界大戦を阻止できなかったとある。なぜ米国大統領ウィルソンの提案なれど、アメリカが参加しなかったか（モンロー主義説あり）その真実はわからない。真実はどうでもよく、現実の連盟機能が果たせなかったことは、後の国際連合の運営に支障をきたしたのではないか。

この国際連盟はそれなりに戦争阻止に貢献をしたが、大国の意欲的な参加と行動は展開されず終わる。

日本国はイギリス・フランス・イタリアに肩を並べて常任理事国として専任参加したが、途中から脱退する。この連盟構想が後の国際連合に其のまま受け継がれたのではない事はしっかりと受け止めよう。

国際連盟の行動は、日本国の大東亜共栄圏構想には、全く同調出来ない展開となって行く。

第五章　満州事変と日中戦争（大東亜共栄圏構想へのステップその五）

第一節　現代の終盤に於ける「世界の断末魔現象」を冷静に分析

「満蒙は日本の生命線」という言葉を使ったのは、その時の外務大臣の松岡洋右《まつおかようすけ》である。満州は日本国の領土の一部として行動し、そこから生まれる利益を守るという帝国主義的な、宣言をした。

結果的に、帝国日本は日清・日露・第一次世界大戦時のシベリア出兵を経て、資本主義側の列強の中に、アジアから唯一仲間入りを果たした。中国東北部で関東軍が満州事変を起こし、ついに昭和七年三月一日、満州国を建国する。この時期に於いて、傀儡《かいらい》政権と揶《や》揄《ゆ》されながらも、満州という立地条件は、正に大日本帝国の生命線であったことは全く異論のないところである。このチャンスを生かし傀儡《かいらい》、建国に着眼し、以後そこに世界戦略の行動基準を置いたのは慧眼《けいがん》である。

第二節　満州事変

・〈満州事変は、以前の「日中戦争」への鏑矢《かぶらや》〈推進力《すいしんりょく》〉となった戦争であるということは、読者の必須項目であることを認識されたい。故に、この節を共栄圏構想のステップ五の区分に編入した〉

第一項　関東軍の野望と参謀本部作戦課長

この満州事変戦争計画を立てたのは前述の如く、往時の関東軍作戦課長、石原莞爾である。満州事変は後々に大日本帝国の行方に大きな影響を与えた歴史的、原点となった戦争であることは承知の事項とする。ここで大きな紙面は使えないが、この石原参謀は一世紀前の第一次世界大戦の戦争状況から、優れたる見識を発揮していた。

やがて世界は核戦争になり、人類最終兵器と共に来る、第三次世界大戦を予測していた。

＊「満州国」とは、満州事変により中国東北地方を占領した日本が、一九三二年、清朝最後の皇帝、溥儀《ふぎ》を執政として建国した日本の傀儡《かいらい》国家。現在の中国・遼寧省・吉林省・黒

竜江省・内モンゴル自治区東部・熱河省を合わせた地域を指す。
＊関東軍とは、日露戦争後、ロシアから日本軍が獲得した関東州日本軍をいう（旅順・大連の防備とロシアから譲渡された南満州鉄道の鉄道保護を任務として置かれた軍隊のことを指す）。そしてこの満洲地区は日本国の傀儡《かいらい》政権「満州国」を建国した。そして、満州国以外の中国全土を支配していたのは、当然に清帝国王朝である。

この満州国は、資源が豊富で人口が希薄な地域であり、大日本帝国が願望してきた、理想の資源埋蔵の植民地である。何をさて置いても、そこを読者はしっかりと理解されておかれたい。韓半島の韓国領地に次ぐ、将来に描く世界戦略としてはなくてはならないポジションである。さてこの満州事変の主役である石原莞爾参謀の人物描写に役立つ案内をしておきたい。石原莞爾参謀の詳細は本書の巻末編として別途用意する。

第二項　石原莞爾と「世界最終戦論」・「東亜連盟」

まず、経歴から入る。

大日本帝国陸軍軍人、軍事史思想家、参謀本部作戦課長、最終階級は陸軍中将。肩書が多い。

石原莞爾参謀課長は帝国陸軍の異端児と呼ばれ、アジア主義、日蓮主義の影響を受ける。

関東軍で板垣征四郎らと共に柳条湖事件や満州事件を起こした首謀者。
東條英機と不仲であったと記録にある。関東軍参謀副長、東亜連盟講師等。筆者の知る範囲では大変な戦略家であった。あの東條英機との関係も穏やかではなく、口戦《くちせん》も激しくやり合った、周囲の空気も知ってか知らずか戦い合った。その口争いが因となり、日本国に送還されるという経歴を持つ。

＊『世界最終戦論』とは一九四〇年、十月一〇日に出版とは文字通りの思想論であるが、石原莞爾参謀課長は満州事変に於ける役割は大変に有名である。この戦争論の思想については、聞き覚えのある書本であるが、中身は全く知識の端にもない。読者と共に学習したい。少し長いが大変面白い内容であると思う。

石原莞爾はヨーロッパ戦争史の研究と田中智学《たなかちがく》（宗教家）の講演からこれを構想、日米決戦を前提として満蒙の植民地化を計画した。

関東軍参謀であった石原はこの理論に基づいて奉天《ほうてん》郊外で柳条《りゅうじょうこ》湖事件を起こし、これを中国軍の仕業として、軍事行動を開始したことが、満州事変となったことは知りおこう。話を具体的にする。石原莞爾は大正時代に既にこの見識を持ち、具体化して論述編を残していた。

曰く、「東洋文明を代表する日本と、西洋文明を代表するアメリカが、世界の覇権をめぐる最後の戦争をやって、そのあと人類は静寂、平和になるんだ」、という内容を講演の内容として纏めた。これが『世界最終戦論』である。この考え方は仏教の世界にはある話であるらしく、何《いず》れになろうと、キリスト教と仏教の思想論として高度な話ではある。宗教について、含蓄のある読者であるならば聞かせられる理論であるらしい。

このような話は筆者にとって深く真理を知るべしという事態にはならない。一部の話として、現在は、中華人民共和国の習近平氏が同様な例えを出して、アメリカと中国は相いれない立場にあり、一時の話し合いでは答を出せない。人類の基本的なテーマであるようなことを、記者団の中で発言があったということを筆者は耳にしたことがある。

然し、これをもって「世界実態」を示すとする理論は、筆者は得心できない。筆者の知る限りでは、中国からの米国希望の留学生が一番多く、実態は今も米国ナンバーワンと見る国家である。この話をもって論争の「正」・「否」を争うつもりは全くない。

無宗教で浅学の筆者には理解に遠いが、このような論点の議論があっても何ら不思議なことはないが、石原莞爾参謀が大正の時代にこのような思想論文を発表していたとは全く、不知・不足であったことは否めない。

石原参謀はこの時点で、既に世界戦を視野に入れている日々の生活であったことには、敬拝しておきたい。しかし筆者は完全なる戦争反対論者であることは、ここに明確にして文字に残しておきたい。

＊「東亜連盟」とは一九三九年一一月、東亜連盟協会（石原莞爾の指導により創設された国家社会主義団体）。日本、満州、中国による「東亜連盟」の結成を構想、国防の共同、経済の一本化、政治の独立、文化の交流を掲げた。一九四六年占領軍により、解散させられた。誤解を恐れずに言えば、理論だけに頼れば、社会主義社会の理論の方が下層教育の手法には説得しやすい論法のようである。しかし大きな集団・組織では管理が行き届かなく、隙間の入りやすいらしい国体であるとは、巷間に聞こえる話ではあるが、ここで紙面上に於いて議論できるような、余裕のある知識はない。これより、筆者も社会主義体制・国体の知識が不十分であることは認めるが、この時代に「国家社会主義団体」という構想に馴染みが浅い。社会主義の思想は、プーチン氏にも近い感覚であろうか。

第三節　満州・蒙古は日本の生命線

今一度、満州事変に戻ろう。この土地（満州）を取り込んだ大日本帝国は、植民地としては理想のエリアを確保した。この満州が東アジアのこの地域に存在しなかったら、大東亜共栄圏構想が、全く執れていなかった筈。その後の帝国日本の国家展望は大きく修正しなければならなかったであろう。その意味に於いて、満州・蒙古はあらゆる角度から見て計画を修正したとしても、満州・蒙古の開発は、大日本帝国の生命線という評価は変わらない。

この計画立案をした、現場の発案者は大変な器量である。あの時代に満州を土台にして、大東亜共栄圏構想を建て、その延長線上には真珠湾攻撃をし、世界制覇（第二次世界大戦）を言上したことは軍中作戦としては評価されるべきであろう。読者の反論・異論は承知の上で、筆者は敢えてここで触れてみた。

筆者に賛同をする必要は全くないが、この大日本帝国の構想に、周囲の学識者、知識者の意見の必要性を充分検討してもよい国体案件であったと思う。オリンピックで優勝する為の検討テーマのようなものであろうが、ロシア国民もウクライナ国民も耳障りによくない冷やかし言論の一言になったとしたらお詫びし、そこは認めよう。

＊プーチン氏の言葉にこんな文例があるらしいから紹介したい。「軍事作戦の代償は人間の命と戦費で計られる」と軍隊の構成と兵隊の命のバランスは計算して勝てるように充分に考えて、戦闘開始をするといったような意図であろう。更に今ひとつの文面に、失敗はあれども「謝罪は一回すれば、充分だ」という一文もあると言うが、ここで読者は思案する必要はない。

第一項　大日本帝国、松岡特使、国際連盟を脱退、不本意の行動

大日本帝国は国際連盟の常任理事国であった。一九三三年三月二七日国際連盟を脱退した。これは外相の松岡洋右が回答をしたが、脱退の決意は外相の独断ではなく、閣議決定による連盟と常任理事国の事態である。この経緯は日本皇軍が満州に侵攻して、満州国を建国し承認した。日本国は承認したが、国際連盟はこれを単なる侵略行為として評価せず。この国際連盟の採決を、不服として脱退した。大日本帝国として当然の計画的行動であった。

第四節　日中戦争とその成果

満州事変は近代日本史の中では大変重要な歴史事件である。この戦争行為は大日本帝国の満州支部の関東軍の国家的軍隊の行動であり、思い付きの紛争ではない、戦闘行為と作戦であったことは承知しよう。この作戦の打《うち》一歩の辿り着く先が、大東亜共栄圏構想の第一歩であったと言っても過言ではない。「日本国の世界を相手にアジアの中核的な国家として戦った」世界大戦は決して、向こう見ずで、無計画で思慮のない行動ではないが、幾分にして無謀ではあったと思う。

第一項　日中戦争

・（日中戦争とは満州事変をスタートとして、それ以降に繋がる清国を攻略して、東南アジアから東アジアの中国沿岸地帯を、「日本国の支配地・従属社会の建設」を野望して、その先はインド、パキスタンまで大きくその展望を広げた。これも帝国日本は小国の為、石油、石炭、鉄鋼石などの天然資源の占有が全ての目的であったこと、日本軍の足跡が如何に侵攻したか。大東亜共栄圏の

実現が、どこまで進行したかを読者は知ろう。そこへの想像が出来ないと前には進めない）

第二項　日中戦争の相手国の概説

日中戦争とは大日本帝国と蔣介石の率いる「中国国民党」の中華民国の間で行われた戦争である。

一九三七年（昭和一二年）～一九四五年（昭和二〇年）八月一五日終戦までの戦い。この戦争は満州事変、支那事変、日支事変、日華事変とも呼ばれる。色々な呼び名があってもそこに立ち止まってはいけない。呼び名はその箇所について評論した作者の見方と立場でタイトルの表題は色々とある。我らが読者に理解しやすく、敢えてする表現と思われればそれでよい。日本国・中華民国間の大小の諍《いさか》い抗争も含む全ての戦争を日中戦争という。

盧溝橋事件をはじめとして、天皇と日輪を天に掲げ、威風堂々とアジアを中心に、大東亜共栄圏の構想の偉大さを教官から聞かされて、満州国に軍営・統治の拡大を計画した大日本帝国陸軍の総軍のひとつ。呼称・呼び名は色々あるが、その存在価値は突出していたようである。特に日本国で資産を持たない貧乏な農民の移住を進めた。

第三項　満蒙開拓団の奨励と夢を与える作戦

一九三六年、「満州農業移民一〇〇万戸移住計画」という国策が大きく打ち上げられた。この時代は世界的な恐慌で経済不況に落ちる。特に養蚕業は日本国の花形であったのが、実態は輸出が出来ず農家・農協は借金負債だらけ。この作戦は政治的にも推進された。その背景には「満州国」に居住する日本人による「経済と政治」満州国の支配、防衛といった軍事的目標が最大の目標であった。ロシア軍の進行もあって、二七万人の開拓団のうちおよそ八万人が亡くなったという話が今日でも語られる。この計画は完全な間違いとは思えないが、外敵（露軍）を恐れるあまり、無理な「満洲ロマンと一攫千金」だけの「お手盛り政策」が先行したということであろう。

あの戦争は過酷な様子ではあったが、大日本帝国にとっては、単に無謀・無策ではなく、日本の将来の発展を目途とした大望であったらしい。

日本国のこの流れの、米国の対日作戦としての石油ストップ行動は、大日本帝国皇軍のその後の息の根を止めることであった。

世界の多数がその先を争ったのではと思う。それでも日本の東アジアに於ける共和国構想の前途は、全く描けない構想ではなかった。

戦争の構図を見れば無謀であっても、大日本帝国の皇軍である幹部と大本営の積極策推進者たちの強硬策戦支持者たちの総意から、後には引けない立場の日本国と日本国民の声が大きく取り上げられたであろう。

その空気に押されたというより、独自の解説・独自の説明ができなかったのではないか。それ程、大本営の方針は検討の段階を遥かに超えていたのであろう。これはある意味に於いて、「帝国日本」が見せた覚悟であったと思いたい。

適切な文言とは思えないが、読者もよくご存じの一言を見せておきたい。

日本人の大半は後の山本五十六の真珠湾奇襲も大成功であったと確信。「やってみせ、言って聞かせて、させてみせ、ほめてやらねば、人《ひと》は動《うご》かじ」と、山本五十六の名言も教育の一端《いったん》として壇上から聞かされたことがある。筆者の小・中の義務教育時代には、こんな話を得意とする古老の人も沢山いた。その時の得意げに壇上にあれば、言葉も不思議と生き返り、僅《わず》かでも、我らの頭のスミにも残る。そして、曰く「米国は戦闘の実力で勝てないから、日本への石油の蛇口を止め、日本帝国海軍の戦力を削《そ》いだ」と片付けられた。ものは言いようである、古老が炬燵《こたつ》にうずくまりながら語る。それは単なる「負け惜しみ論」であるが、神風《かみかぜ》特攻隊・零戦《ぜろせん》航空隊など大和魂の自慢話は、米国に対する日本国への批判として、我々は普通の様にして聞かされた。今、思い出せば、お手盛り評論の問答もそれなりにあったように思う。しかし、米国・英国・中国等の連合軍が石油止めをしたのは、日本国に対してのみに実行された訳ではない。米国からの石油の禁輸措置は三国同盟国（日・独・伊）枢軸国《すうじくこく》といわれた、三国に発布された連合国の作戦である。日本に対する限られた処置ではない。それでいて日本国の大胆な作戦、真珠湾攻撃は大成功であったという、理解し難い古老たちの我田引水の声も多かった。往時の日本国の石油資源が殆ど皆無であったことは誰もが承知のことである案件であった筈。山本五十六元帥《げんすい》は「アメリカとの合戦は今、すべきでない」という確信にも似た意見、主張であったらしい。そんな文書の記録は各所に残されている。

筆者は重ねて言う。日本の現代の防衛予算は、ＧＤＰの二％を超えることになった。ロシア、ウクライナ、トルコ、中東、台湾、北朝鮮、中国。そして米国と海外には、嘗ての冷戦時よりも、かなり複雑な外交の状況になっている。日米同盟であり、日本もアメリカと同じ威力のあらゆる武器・操作を備えないといけない。それでないと日本兵は米軍の足《あし》手纏《まとい》《で》になろう。二〇二二年末の岸田政権は予算を決定した。世界第三位の防衛予算のサイズになるが、見かけだけでは国家・国民は守れない。ウクライナ国家・民族の闘志は参考になろう。戦争描写が続いてしまった。読者も筆者も一休みしよう。

今の時代の日本史学はどのような時代の地点にいようか、そこはこれから読者と共に一歩前進して学習したい。プーチンのウクライナ侵攻の是非について、今はともかくとして後世に於いて、如何様《いかよう》に語られようか。真相が分かれば、新しい国際秩序が出来、間違いなく地球の歩き方が違ってこよう。ロシアの世界的に著名な政治学者が西側のメディア報道に対して（二〇二二年一二月二〇日放映）ロシアのプーチン氏のウクライナ交戦に対して、その予測を問われて、澱《よど》むところなく答えた。

世界に高名なロシア政治学者ドミトリー・トレーニン氏のテレビ発言は今後のプーチンの作戦を問われて曰く、「プーチンとロシアとウクライナの交戦は、最後まで戦う、領土を取り返して、ウクライナをロシアに服従させるまで。もしその作戦が叶わない時ロシアはなくなるだろう」と明確に答えた。この学者の発言の真意は図らないが、「プーチンが勝利を得ない限り、ロシアはなくなるであろう」と言った。リアルな話である。

この発言に、もう一度戻ろう。この発言はホームランなのか、大きく飛んだファウルボールなのか。これだけの意味深長な行動は、一流の学者でもプーチン氏政権の支配体制に心を見透かされてしまっているか、その点に社会主義国家の体制は息を断つまで油断が出来ないという事か。我らも考えてみよう。北朝鮮は金正恩も核爆弾も、ある意味に於いてロシアよりも怖いと筆者は思う時があるが、我らはここで彷徨うところではない。

この言葉は何を意味するか。ニュースの一瞬では学者の真意は、即断しかねたが、ＴＶ画面のトレーニン氏は語気を強め、明快に「ロシアなくなる」と即答した。核爆弾の使用で互いにやり合えばどちらかの国が、国民が壊滅するまで決して、後退しないという意味であろう。ヤラセのニュースかどうか真意は不明であり、翌日の朝刊の数紙の紙面で確認することはできなかった。プーチンの心境は、宣戦布告で砲火を放った、開戦の日の位置（二〇二〇年二月二四日の宣戦布告時の第一砲）より後方《こうほう》には引けない。広げた風呂敷のたたみ方が解からず、前進あるのみ、攻めて攻めて攻めまくるという戦略以外は不要の露国の軍隊。

例え方に不満は残ろうが、嘗ての大日本帝国の「陸軍大将・内閣総理大臣」の東條英機の心境であろうか。ロシアとロシア民族の行く末を思えば、プーチンはウクライナ国をロシア連邦の従属支配下にしなければ、ロシア連邦共和国の存続が危ういという思いに走ったものであろうか。他方でウクライナ国にすれば、今ロシアとその行動をとる魅力がないという事であろう。

今、この近時の世界の動向が極限上にありと思われ、プーチン氏の視界・威嚇の声のかけ方によれば、次第によっては、第三次世界大戦の方向に傾《かたむ》けようとする可能性もあろうか。今、ウクライナの行動の監視を鋭く抑えねば、EU、NATOの意のまゝにされてしまうという不安と確信が為せる行動であるのか、引き際の目途が立たないのか、我らにはその結論に辿りつく確信が読み取れない。

仮にその様な事態を予想してもロシア・北韓・イラン・シリアその他の国政を左右する程に人望があろうか。筆者の知識とメディア報道による観測では判断できない。

中国習近平の行動と台湾事情が変化しても、一〇〇%の可能性がなければ、世界のトップの賛同は得られない。日本の岸田内閣も、日米同盟に縋《すが》りつくだけでは対応できない。ウクライナの行動を見れば、自国の国民兵士が命を懸けた行動に出ないと、世界が共鳴しない。援助を受ける資格のない日本国の国家像だけが、拡大し、修正が出来ない。それでは岸田総理大臣の出る幕がない。

ここでは岸田総理が聴くだけの「検討使」では全く意味がないし、洒落にもならない。ファイティングのポーズが求められる。そこでも、検討するだけの岸田文雄氏であっては、あとに誰も続かないであろう。

筆者が度々触れるが、このことはウクライナ国家の「国民兵士の行動」のあり方を大いに学ばねばなるまい。唯、戦争反対のプラカードとシュプレヒコールの掛け声だけでは同盟国や世界の深層、思想に触れ、揺《ゆ》することなく、そのまま沈むことになろう。

際立ち、極限上にある空気の中に、息絶え絶えとしているという、避けがたい事態の体制を整えなければならない。また一方で、日本国の過去、即ち日本の歴史、取り分け、戦争時代の国家国民の決断と行動に学ぶところありという事実を、日本人として習得せねばならない。

その前に第二次世界大戦の敗戦国、日本に上陸したのはどの国の誰であったかを知らない人も少なくないらしいが、ここから先の敗戦国、日本国の終戦に読者は筆者と共に習得しよう。

ポツダム宣言の無条件降伏・敗戦国の日本人。往時に流されたニュース等で見た悠然とした姿で、日本国の横田基地に現れ見下ろすのは、ダグラス・マッカーサー・アメリカ合衆国陸軍元帥・連合国軍最高司令長官である。メディア報道ではパイプをくわえた粋なアメリカンで、ハーバード大学第一期生という解説も入っていた。

終戦後の日本国の立憲民主を国体とした、アンチ社会主義の国家の下地を創《つく》り、誰に日本国の首長をさせ、アメリカ合衆国に銃口を向けない、二度と戦争のできない平和国家を立国せんとする役目は、マッカーサー元帥その人である。足の長い、パイプタバコを加えてタラップを降りる姿。筆者の歳周《としまわ》りと同じような日本国民でないと殆ど知る人はいないであろう。試験問題に選択されない科目が、今の日本史学、近現代史の立ち位置であろう。学習の仕方もあろうが、近代国家（一八六八〜一九四五）の抗戦相手は産業革命後の領土（植民地）。拡大の凌《しの》ぎ合いは、激しく、隣国同志の合戦がやがて利権の取り合いとなる。このような状態の国家状態をしっかりと正しく指導する指導書が義務教育として用意できていなかったということである。もし、ウクライナの終戦で得られる矜持とロシアが教える矜持は、全く違った語り口が用意されるであろう。余談であるが、筆者の高校時代に周囲にそれとなく、共産色の色合いの強い会話をした友達もいた。不出来な筆者は会話の内容が全く理解できなかった。

ただひとつ理解できた会話の単語があった。それは天皇陛下のことを「天ちゃん」と呼んでいたことが印象にある。

第一次・二次世界大戦はいずれも数か国を相手に戦うことになった。プーチン・ロシア国×ゼレンスキー・ウクライナ国の核爆弾を予想させる様な交戦と、各方面の複数国家と戦ってきた第一次世界大戦、第二次世界大戦の戦いと共通する様子、イデオロギー対立を学ぶためには、登場する国も指揮官の名前も多いし、学ぶ方の学生諸氏には手強い。そこらあたりを端折《はしょ》って（省略して）、次のページへ進んでしまう教壇の先生も少なくない、それは致し方ない。また、筆者の時代に明治時代から先の大正・昭和時代が試験や講義に出題されることは多くなかった一面もあり、現在の歴史学については、承知していないことが沢山あるが現実はどうであろう。一部のメディア報道によれば、今現在の時代は民主主義国家よりもそうでない国家（例えば社会主義国家）の方が数としては多いようである。それは民主主義国家の国体を維持するには、時間も金も多くかかる。

国家に一人・国主・国家体制（一部の社会主義国）は、国民と統治者の合意が見られれば一日あればすぐにでもスタートが切れるという。事実はそうでもあるまいが。しかしこの種の国体国家は合意がなくても、一人の指導者の前にして共に進まねばならない。時にはそのために、好むと好まざると交戦をしなければならない場面も多いであろう。しかし隣国とは仲良くしないと利害が関わり、これも多くの経費が掛かる。戦争をすれば死者も出る。仲良く話し合いで結果を残したいのは、いずれの国家の望むところではあるが、我欲は合意を覆《くつがえ》す。

世界人口が増加すると、サッカーのワールドカップやベースボール大会のスポーツ懇親大会だけでは、友好な関係を維持できない。飛躍する例えかもしれないが、地球の温暖化・資源の枯渇が一因となって、やがては経済不況が延々とすると、大国主義、全体主義を復活させる時代が予想される。民衆の声をしっかりと受け止められる、政治家がうまく説明をして、国民の合意が出来る統率者《リーダー》が欲しい。

自由主義国家より早く国家体制をできるだけ早く纏め上げたい、その国のリーダーたちは社会主義国の体制を「金」と「知恵」を何処より早く整えて、自国の領土を声高く示したいと思う。現在は世界に一九六か国の国がある。資源の枯渇・持続可能な開発目標の設定（国連総会二〇一五年九月二五日採択）。ところが、世界は必ずしも一致した方向に、歩幅を合わせて歩んで来たとは言えなかった歴史が、今、また、刻まれようとしている。

二〇二二年、二月二四日、ロシアの大統領・ウラジミール・プーチンが隣国のウクライナに侵攻した。迎え撃つのはウォロディミル・ゼレンスキー・ウクライナ大統領。

ロシア・プーチンの特別軍事作戦としての宣戦布告はあったようだが、ウクライナ侵攻の直接的な原因は、巷間に語られることが、事実かどうか筆者は得心できないでいる。
＊遅れた報告になるが、本書に於いては、近・現代史（一八六八～一九四五）を中心にして学ぶこととするが、同世代の戦争感覚を保阪《ほさか》正康《まさやす》氏の昭和史の中に、個別の戦争史は加藤陽子《かとうようこ》氏の『それでも、日本人は「戦争」を選んだ』を底本として起こし、筆者と読者の学習の一版としたい。

第一次世界大戦・第二次世界大戦と呼ばれた歴史の発端から第二次世界大戦の終了した一九四五年のポツダム宣言を受託して、平和国家樹立の形が確認される時点まで読者と共に進める。

第二次世界大戦は一九三九年九月一日、「英独戦争」に始まり、一九四五年八月一四日に終戦を迎え、無条件降伏を受託して敗戦を認めた。この無条件降伏については今日、巷間では色々異説もあるようだが、そこは本編にて簡素に触れることとする。

二〇二二年二月二四日。ロシア連邦第四代大統領ウラジミール・プーチンは、広大なユーラシアはロシアの大地から、樋熊《ひぐま》の如く雄叫《おたけ》びを上げて、隣国のウクライナの国域を攻撃せんと激しく動いた。

この両国は元《もと》を正せば兄弟国で袂《たもと》を合わせ合った時代もあって、ロシアが親でウクライナが周囲国であったような気がする。しかし、筆者には、今それ以上の知識は揃えられてない。

ロシアとウクライナは浅い知識を小出しにしてみれば、どちらも北極方面の社会主義国家であり天然、自然、資源、農業、漁業が豊富である北部地区に位置する。体操、その他ウインター競技に強いという浅い知識しかない。そこから記憶と知識を辿《たど》ってもチェルノブイリ原発事故とリトアニア戦争しか揃えられない。従って互いに、何故今、銃口を向けあって殺し合う関係にまでになったかだけでは、事態を理解できない。

メディアはプーチンとゼレンスキー氏の人物像を紹介するが「ロシアがウクライナに侵攻！」という言葉が先行し、続いて両者の人物紹介が続く。人物紹介はプーチン氏の人物像が国内でも、国際的にも強面《こわもて》の人物として紹介されている。プーチン氏はこのウクライナ攻撃の前に癌の手術をしていたと報道された。それまでには充分に熟慮・決意を溜めて、行き着く先には「核の使用」もあり得る、という発言。

「勝利の確信と国民の総意」は大統領プーチンと共にある……。とても野次馬感覚で触れられるような案件ではない。ウクライナとの闘いが二年で終わらないとプーチンが発言を漏らしたとすれば、この先は全くわからないと言った方が、正しい表現と言えるだろう。

＊プーチン大統領とシンゾウ・アベの関係

ウラジミール・プーチンといえばロシア・白人・眼光鋭いと言ったイメージで始まるが、その後にはシンゾウ・アベの穏やかそうな笑顔が浮かぶ。プーチンの人物紹介は本編に入ってから深く触れることであるが、このプーチンとシンゾウの二七回による北方領土問題についての交渉はどの辺を、砕《くだ》いて交渉されていたのかメディア・報道の情報からでは、我ら一般人の立場からではわからない。もし前進した内容であれば、日本国内は、忖度報道であっても、拍手で盛り上がったことであろう。

残念ながら、安倍晋三外交の成果から大衆が手にとれるような内容はなく、空振りの印象が多く残る。この印象から、現在の岸田総理にプーチンと対等に笑顔で対談できるような空気は感じとれないし、シナリオが作れない。元総理シンゾウ氏のテーマというよりは、父晋太郎氏からの言うなれば安倍一族の、三代にわたるテーマであり、父からの遺言でもあったのか、執念さえ感じてしまった。

北方領土問題は未解決のまま今日に至っている。交渉の相手は露国の歴代大統領と日本の歴代総理大臣である。筆者も確信とは言いきれないが、日露交渉はのらりくらりとかわされて、北方四島の経済開発に日本国の資金を投入させるのが目的であるといった記事を見たが、正しい解釈であり、その資金は回収できてもプラントそのものはロシア・プーチン大統領の実績として、広く宣伝に使用されて、その奥行は全く別案件として、拡大解釈されていくのが予想された。新聞各紙も同様な感触であった。

嘗てのソ連・ロシアも、交渉の相手はいずれも手強そうに見えた。時には日本国の通訳は十分に仕事をしていたのであろうかという基本的なことでさえ、素人の疑念が起きてしまったこともある。北方領土問題は回を追う度に、そんな感覚を持っていた。

時には日本刀を抜いてエリツィン大統領に不気味な光を見せていた総理大臣がいた。ここで名前をあげることではないが、それに応えるエリツィンも大きく驚いた顔つきをＴＶに向かって見せた。周りの側近も対応に苦心したであろうが、現在のプーチンを見ればとても、ここで、シンゾウ・アベが存命であったとしても、どのように近づいていけているだろうか。想像がつかないが、ここではプーチンとゼレンスキーとの立場を尊重して、立ち寄らないことであろう。

これはプーチン氏の経歴であり、語られているところによれば、前歴に於いて「ＫＧＢ」

の履歴を持っているためであろうか、鉄仮面のごとく冷静、沈着な印象を与える解説が多い。付け加えれば、プーチン政権の敵方に回るような人物は、暗殺をもって対抗する事が、度々に外電として、我々にも流れ渡って来ることもあった。その真実は何処《どこ》ら当たりにあるのかわからない。一方、ゼレンスキー大統領は元役者履歴と表情が巧みなため、強弁で演説しても表情からは、戦場での指揮官の様には見られない。何処のTVをみても同様な履歴紹介であるから、如何にも情報源が少ない報道番組であろうと観る。ところでプーチン氏の影武者がいるといい、TVで紹介された。よく観たが、筆者には見当がつかなかった。

私の『彷徨える日本史』シリーズも第五弾をもって最終本と予定していたが、世界では二つの事件が起こった。一つは先に軽く触れたようにプーチン氏の「第三次世界大戦の予兆をも、させるような世界を東西に二分させる行動」。更にもう一つは、今に日本政権の歴史とその進行内容を大きく変化させるような事件が起きた。安倍晋三の長期政権の話は筆者の前作『彷徨える日本史』第四弾、「今解き明かす『征韓論』西郷隆盛は主流かそれとも傍流か」で深く触れたように、シンゾウ・アベは、既に過去の政権、歴史上の総理大臣である。誰もが予想できなかった。しかし筆者も予想出来なかった経緯が発生した。彼のここでの登場は安倍氏本人も登場を予想していなかったであろうが、歴史はその流れを変更させることは許さない。更に登場を予定していなかった人がいる。それは岸田文雄氏、日本国第一〇一代・内閣総理大臣。その人である。岸田氏が好むと好まざると、令和の時代に日本の歴史学上に一代の最高指揮官として、大日本の国政の総指揮官として登場して頂くことになってきた、時代の流れであろう。筆者も予測はできなかった歴史の流れに思わず息を飲んだが、統一教会の流れと過去の自由民主党の歴史に触れずに近現代の日本史を語ることはできない。この『彷徨える日本史』は過去出版の拙本の四冊に於いては、登場者を表現に於いて貶《おとし》めるようなことはなく、終了させたいと決意している。もし表現に至らぬ一言が露出している箇所がある場合に於いては、校正者と共に深くお詫び申し上げておきたいが、一文の情報を頂く機会が得られたから紹介をする。

※安倍晋三・岸伸介・統一教会・岸田文雄の各氏の時代の流れに沿って日本史の一部として綴りたく思い、事実らしき紙面の引用を読者に公開し、更に進めたい。

＊令和五年日本国の某全国紙の一部に登場記事。「韓国外交文書より」とある。
「文鮮明氏入国　金丸氏が便宜」ソウル発。

「世界平和統一家庭連合」（旧統一教会）創設者の文鮮明氏が一九九二年に来日した際、本来は入国が不可となるところ、自民党の金丸信副総裁（当時）の便宜で認められたことが、韓国外交省が六日公開した外交文書で明らかになった……。

文鮮明氏が当時から自民党有力者と深いつながりを持ち、日朝国交正常化に意欲を燃やしていた金丸氏が、北朝鮮とパイプを持つ文氏に特段の配慮をしていたことをうかがわせるものだとの論評があった。……（以下略）。

松野官房長官は記者会見で「法相の裁量的処分である上陸特別許可が認められたものと承知しており、当時の判断として適切なものであったと聞いている」と述べた。このあたりからも韓国と日本自民党の関係は充分に保たれていた。持ちつ持たれつの近い関係が想像できると……この記事に関心を持たれる読者は、国立・県立図書館あたりの、在庫保存の記事から更に深い調査が出来るのではと関心が湧く。

☆岸田総理の今ある仕事、さて。

・防衛予算　世界三位の武装

・不正閣僚の塗り替え

・プーチンの機嫌を取らない外交
・安倍イズムの外交政治の踏襲を引き継ぎながらの検討使外交

昭和天皇と鈴木侍従長と田中義一総理の満州突撃についてあったように、一見、失敗しそうでしない岸田総理であるが、案外、我らが知り得ないところに嬉しい一面があるかもしれない。

安全な国、平和の国、日本で安倍晋三元総理大臣が殺害された。このニュースは世界に流れたショック。事件の原因は二十歳を超えた青年が自分の胸にしまい込めないで、思い悩むところにある。表面だけでは危険の裏面の深さは筆者には及ばない。

然し政権与党の内部だけかと想像したが、野党にも拡大しているような感触がある。そこを広げてみても政治学の範疇であって、日本史学のテーマとしては全く前に進めない。安倍晋三元前総理と現役の当代内閣総理大臣の命を的にして、どんな解決ができようか。筆者はここにはこれ以上触れないで進行させて頂きたい。

筆者は、ウクライナについての認識は核発電の事故のあったウクライナ、チェルノブイリ発電所がある国としての認識しかなかった。日本の東日本大震災の事故も現在は収拾され、安倍晋三元首相は〝汚染はアンダーコントロールされている、オリンピックの開催の誘致について何ら問題なし〟と声高らかに発信した。その時のイメージでしかチェルノブイリ事故を認識していなかったことを恥じる、外国史は筆者の不得意分野であったことはこの事態の不知の言い訳にはならない。

そこはさておいても、そのロシアとウクライナが正面から銃弾・ミサイルを持ち込み撃ち込み合う事実が即座に理解できず、TVの前で長時間座り込んだ。今、国際関係は背後の両国（ロシア・アメリカ）の関係。この立場もあって会談は表に出ない。

何か裏交渉で、ロシアとEU加盟希望のウクライナがお互い立場を譲れないことになってしまったようであるが、つたない素人の野次馬推量をしてみたが、それにしても実弾が飛び交うTV画面はよく理解できなかった。「ロシアのプーチン大統領がウクライナに侵攻して、ゼレンスキーを大統領とする嘗ての領友国を攻め立てる様子を世界中の人々が状況をしっかりと理解できて見ているのか」と思いながら聞き耳を立てた。

世界組織の国際連合とかEU（欧州）諸国辺り・または英国かトルコの音頭取りで収まりを見せることであろうくらいの、「一時的な軍事デモンストレーション」のようであろう。筆者がこの判断と認識を超えるには数日を要した。中東アジアの地域紛争、（例えばシリア）に背後の米国とロシアの終戦後のあと始末を巡って、落としどころをどのようにして決めるかの問題について全く、評価するだけの知識はない。

それでも令和四年十二月を越せば英米国等意見を反映して、ロシアとプーチン大統領の立ち場を考えた落としどころ案も用意されるのではとわずかに期待したが、双方から歩みよるような空気は全くない。

ここまで来ても、ロシアとウクライナの国民の理解を正面から受け止められるような発言があるであろうか、双方の責任者に。この段階に来て双方から情報の交換が全くないという事はあり得ないが、相互からの歩み寄れる案件がなければ、仲介人候補も用意できない。

この顚末を後世の歴史学研究者がどのように捉えて、歴史の記録として語り伝えていくだろうか。筆者は未熟であるが、この政治的・歴史的案件に大変に興味がある。

いずれこの抗争か戦争は必ず終点に収まるであろうが、到達地点で双方に得心がゆくような話し合いが、筆者には想像できない。振り上げたその手を下ろすところがない。

このような修羅場を日本の帝国が過去に於いて処理をしてきたと想像するだけでも筆者も読者もため息が出よう。我らの歴史学とは違った顚末になろうと思うがそこから先はわからない。

しかし恐ろしいはずのこの様な実戦が、日本の地球の裏側にあたるところで、右に左に飛び交う様子は初期での報道は信じられないまま、夢中になってTV前に釘付け状態となり、翌朝は喫茶店で多数の新聞を競って読み合うことになった。

このような状態は各局のニュース解説者とこれまた信じきれない表情のおっとり刀の風情でニュースキャスターたちは、「これは事実の交戦であり、本当の戦争であります、とても信じられない映像をお伝えしています……」。

イラク戦争、シリア、アフガン、米国の九・一一の戦闘とは幾分、伝わる空気が違っていた。これらの何となくの正義派と対峙する悪者組はわかり易い構図となって現れるが、兎に角実践の戦いであり、死者の人数も大きく正確に世界に伝えていた。何れかを悪者に仕立て上げても、片付く問題ではない。われらの興味本位も手伝っていたが、本当の戦闘行為を目《ま》の当《あた》りにして、怖さもあるが必死に見入った。テレビや映画のスクリーンとは臨場感、迫力が大きく違う。いきおいウクライナの惨状は民衆が逃げ回り、単に悲惨という言葉だけでは片付けられない映像が、次から次へと、世界のTVは克明に流し続けた。もしこれが、日本か又は隣国の中国や朝鮮半島のいずれかであったらどうしようと、遥《はる》か遠方のウクライナと、これまた隣国とはいえロシアとの「事実の戦争」であるという実感が湧かなかった。この流れの筆者の一文は完全に野次馬感覚で捉えている。学術的な空気は全くない。無知であることが我として恥ずかしい。

日頃、東欧諸国の地図を見ないこともあって、それらの隣国同志の位置関係もはっきりと定まり知らず、判然としていない。ロシアのイメージはともかくとして、ウクライナの位置をしっかりと押さえられていなかった。旧ソビエト連邦共和国のチェルノブイリ原発事故の薄い記憶しかないことで、只、〝えらいことになりましたねえ、プーチンもやってくれましたねえ〟くらいの相槌《あいづち》をうつ会話しかできなかった。それでも数人の思い付き会話でなら充分に話し併せられる情報を各自が持ち寄ったが、あまりTVニュース以外の情報はなく、何となく遠い東欧あたりの紛争であって〝わが日本国にとって緊急事態とならないのではないか〟程度の世間話を少し弄《いじ》くって賢《かしこ》そうに振舞ってしまった。

またプーチン大統領と安倍晋三（今は故人）元首相が二七回もの北方領土問題で会談を重ねており、大きな混乱はないであろうと言う程度の、軽い空気で解散した自分を恥じた。このヨーロッパ方面の世界的戦争に対して、集まった素人学識者が茶房にかたまり無責任にそれぞれが口角泡を飛ばした。さも知ったような口ぶりで、思い出の新聞を手にして口論を重ねた。何れの話も昨日のTV局コメンテイターの受け売りであった。

筆者は二十年前であったが二度ほどの世界の名所巡りでヨーロッパを旅行したが、全くの世間知らずでただ、写真を撮りまくりながら、大手旅行社のガイドの後ろを追いかけるだけの教養の匂いもない、見事なヨーロッパ旅行であった。従って全く知らない訳ではないが、ただカメラをもって通りすぎるだけの底の浅い知識でしかない。然しこの外見上、米国、中国、南部ヨーロッパの様な派手さはないが、深い伝統と歴史を感じさせる北欧の伝統の重さを感じさせられた。なぜここで今、ロシア帝国とウクライナが実弾の飛び交う戦闘をするとは、驚愕《きょうがく》以外にない。世界を巻き込む大事件である。

ここから先にはもうひとつの事件に触れねばならない。

それは何度も拙本のシリーズ中において登場して頂いた安倍晋三元総理大臣が、暴漢テロの行為によって奈良市の街頭における選挙演説中に殺害されたという大事件が起きた。犯人は即座にＳＰ警察官により逮捕されたが、安倍晋三は銃弾のもとに一命をなくした。国家の重要人物を警護する様子と安倍氏が二発の凶弾に落命する光景をＴＶに実況中継で全国に放映され、それを私もしっかりと見た。誠に不謹慎であるが瞬間的には何となくやらせの演技で、安倍晋三氏のファンが駆け寄ってきたのではないかと思うくらいの数秒間であった。日本国が、シンゾウ・アベがどれほどの評価であったか真相はわからないが、兎に角不安が背筋を走った。そこに後継者としての岸田氏の面影は浮かばなかった。

この事件は日本の事件であるが、世界の関心を大きく曳き付けた日本に於ける一大事件であった。日本人としてここに触れずに拙著の『彷徨える日本史』シリーズの巻末編として仕上げることはできない。ここでこの事件を日本史として捉えて語るべきか、別の紙面を用意して触れるべきかここに及んでも、毅然とはできないことをお詫びする。次に舞台を変えよう。

第六章　太平洋戦争＝大東亜戦争（大東亜共栄圏構想へのステップその六）

・（大東亜戦争＝太平洋戦争＝第二次世界大戦……呼び名が違うことの由縁は、それなりの理由があるが、特に規則があるということではない。日本国政府が閣議で呼称した呼び名が正式名称であるが大東亜戦争と太平洋戦争の呼び名が裁判上、変更されて太平洋戦争と正式に変更された例はないと思う）

そこについて、筆者の知り得るところを、一文、書き入れて呼び名の一件完了としたい。「大東亜」という呼称は地図上に於いて、特定の地域を表しているが、今時の戦争は一定の地域のみで起きた戦争ばかりではなく、その戦場は、世界各地で起こされた規模で、限定されるべきではなく、広くアジア以上の域に於いて戦われたために太平洋という呼称が適切である、ということで呼称の変更がされたらしい。因みに筆者の時代も「大東亜」という呼称は教科書になく、「太平洋戦争」と記載されていた。

これらの呼び名は関わり合った当事者国の閣議の立場によって戦争の意味も違ってくる。そのことについては案内済みであるが、本書の案内が学術的に納得いくものであれば、多少の呼び名の違いは、読者にとって混乱の材料にはならないと思う。内容が重複しているところがあれば、そこはパスされたい。

第一節　東條英機の「戦陣訓」とロシア・プーチンの「最期通達《さいごつうたつ》」に極限の研究をしよう

・（この一節については、表現が大胆であり、適切かどうか不安であるが。まず、第一には両者の生年がまるで違う。まず、東條英機陸軍大将から、資料を見るが両者をここで比較するのは、両者を侮辱することに極まりないが、そこを承知で読者に紹介したい）

☆このテーマの沿革について
その比較理由は、両者はいずれも国家の大軍を引き連れ、号令一下、何万人もの兵隊を自由に左右できる二人の生まれし環境・境遇は想像つかない。

プーチンの履歴はメディアの報道もあって、誰でもが元KGBの幹部であった履歴はわかる。東條英機はどうであろう。金胸部《きんきょうぶ》（難関を軽く飛び越えるらしき意）といった風評は既に引用済みであるが。そして今、戦陣訓もこれから紹介していくことにする。再度のお断りを入れるが、東條英機氏と現役大統領のプーチン氏を対比するような扱いは関係者の方に腰を幾重にも低くして、謝罪の言葉をまず先行させたい。

著名な文献は「戦陣訓」である。これは東條閣下の心情が形を変えて、大東亜戦争の戦場に進軍する、全陸軍兵士に手向《たむ》けた「軍人心得《ぐんじんこころえ》」であるという説が一番に説得力を持つ。

※東條英機の「戦陣訓《せんじんくん》」と言われるが、作り手は東條ではなく、当時の最高実践者、奨励者表彰程度に使われるのが実態であったという、著名学者の御意見も見られる。

＊東條英機、一八八四年、明治一七年一二月三〇日生。

大日本帝国陸軍大将。第四〇代内閣総理大臣、初代軍需大臣、東京裁判にてA級戦犯として裁定判決・処刑を受ける。

戦陣訓とは戦陣での「訓戒」のこと。この意図は既に戦国時代に多く発表されていた。特に一九四一年一月八日に陸軍大臣東條英機が示達した訓令を指す。著名な一例を持って、其の他は略す。

＊戦陣訓の一文の例とその訳意

・**例示その㈠**「生きて虜囚《りょしゅう》の辱《はずかし》めを受けず」とは。生きたまま捕縛（捕虜）されてはいけない。ここでは、死んで捕縛されることは問題視していない。「生きていれば、情報を吐《と》露《ろ》又は、証言、裏切り降参という拷問《ごうもん》の扱いにあい、大日本帝国の皇軍兵隊としての尊厳、日本人個人の尊厳を維持して、散りゆく、を期待する」。

その結果、為に色々な拷問・苦痛の責めを受けて裏切り掛けてくる。ここで死んで捕縛・荷物扱いは其のまま、残酷であるが焼却処分であろう。次文に移ろう。

・**例示その㈡**「死して罪過《ざいか》の汚名を残すこと勿《なか》れ」とは、ここでは言葉が過ぎるが、「戦場で見苦しい死に方よりも、激しく、堂々として花と散れ」と言った、潔い死に方を誉め、向後《こうご》に憂いを残すなといった、意味合いであろう。又は前科のある犯罪者を傭兵《ようへい》部隊（ロシアの傭兵部隊「ワグネル」の例え）として、採用した場合に罪人として帰国するよりも、英雄として故郷の家族に胸を張れとしたやる気の号令訓示、と筆者は思いにたどり着くが、兵隊さんに対する大本営の訓令・応援歌ででもあったろうが、一方では最後通告にもとれるような、常に覚悟の軍隊行進である。或いは最後通告にも思えるがどうであろう。

「生きて、故郷の土を踏《ふ》もうと思うな」とでも言われているようであるが、これも筆者の了見の狭いところであろうか。ここでもお詫びをしなければならないが、筆者の近隣にも帰還兵らしき御仁もいたように思うが「横井庄一」氏も帰還兵である。

第二節　大東亜共栄圏構想の経過（大東亜共栄圏構想へのステップその七）

・（大東亜共栄圏の意味をもう一度、振り返り確認をしておきたい。充分に理解されている読者は、当然にパスされて先行されたいところ。中国や東南アジア諸国を欧米帝国主義国の支配から解放し、日本を盟主に共存共栄の広域経済圏をつくり上げるという主張。太平洋戦争期に日本の対アジア侵略戦争を合理化するために唱えられたスローガン、東アジア、から東南アジアまで、思い出そう。すべての国民の民意を含めて推し量るべきところ）

第一項　大東亜共栄圏構想の経過と国民の様子について

オランダ領東インド（現在のインドネシア）についてそこの住民は次のように言った。「気球・アドバルーンの先にヒノマルの旗が、そしてもうひとつの旗のその先に（現在の国旗の）紅白旗が結ばれていました。その気球には「旗の色も、民族も同じ」と書かれていて、若い人や学生たちは、それを見て喜びに沸きたっていました。ええ、とても喜びに沸き立っていました。ええ、とても友好的でした」と当時を振り返っている。

「共存共栄」の実態は次に触れよう。

拙本に於いて度々触れたが、大日本帝国の本音としては、自国の事情が大優先であった。石油、石炭、鉱物などの資源の獲得と日本軍の自活の為に生ずる現地住民への悪影響は我慢させ、早急な独立運動を誘発するのを避けるという方針を決めていた（資料、大本営政府連絡会議「南方占領行政実施要項」より参照す）。日本人は現地住民のことを「バケロー」と呼んで、頭を叩いていた。ここの一文は既に紹介したことを思い出して頂きたい。

第二項　「共栄圏」住民の生活について

東南アジア諸国はもともと、イギリス、アメリカ、オランダ、フランスの植民地で、こうした国々などとの交易で経済圏が成立していた。日本の進行はそれまでの関係を断つことになったが欧米から代わった日本には太平洋戦争＝大東亜戦争を遂行しながら新たに経済圏を確立できる程の国力はなかった。各地で激しいインフレが起こり、日本軍の維持経費等の生活費が掛かり、日本軍の自活のために食糧費や生活物資の不足に苦しみ、飢饉が起こる程であったとあり、統治の先駆けはかなり困難模様であった。

ここまでが主にインドネシア（もとオランダ領）の様子であるが、東南アジアの大東亜共栄圏諸国並びに、共栄圏構想の経過状況は、読者の皆さんが想像される範囲であろうと思う、残念であるが。この状況は、先の参考文献が明確にある資料であるし、度々登場し引用されている大本営管理資料である。

ここらあたりから、筆者の手不足な知識と記録映画から得た情報でも、大きく実態から外れるような事にはなっていないと自負している。

参考までに申し上げると、筆者が二十歳前後の映画には、多少は細工をされていたが、大東亜＝太平洋戦争映画と新たに発見される資料を基にした、映画作品ばかりであった。テレビではこの映画以上の作品は上映されていなかった筈。政治家、岸信介（安倍晋三の祖父）や池田隼人・佐藤栄作の時代であった。日中戦争後の東アジアの諸国の様子も同じであろう。殊に東南アジアの経済基盤の確立に大きく貢献したのは通産省の役人であった岸信介氏。日本に帰還後、その才覚を大きく評価されて、五六、五七代内閣総理大臣を務めた。

もし大東亜共栄圏構想が最終ステップを踏んでいたとすれば、今少し違った絵図が描かれていたであろうし、原子爆弾を理化学研究所が開発していたかもしれない。

逆にして、世界中から総攻撃を受け、「広島G7」サミットの開催ホスト国にもなれず、岸田総理大臣の大物ぶり差配も、舞台も拝見する機会もなかったかもしれない。

筆者はここらあたりを言い訳にして、次に進みたい。

第三節　大東亜共栄圏構想の終幕

大東亜共栄圏の構想の第六ステップは、東南アジアから日中戦争も絡んで、現地人民の信頼を取得できるような、結果が得られなかった。

作戦の評価としては第二節で解説が文中にあったように、この作戦は本末転倒したものであって、住民の心情を汲むような作戦ではなかった。本国に送り込む資源の確保が第一目標であった。この方針に何ら修正をしなかったことが、作戦失敗の全てであると筆者は判断する。それ以上は何もないし、説明の付けられる目途が立てられない。

致し方ないから、自らの不足を承知の上で以下に資料を参照して山崎清純《やまざきせいじゅん》氏の一文を借用する。
※大日本帝国の連戦連勝。その余韻が残る昭和一七年（一九四二年半ば。）を纏《まと》めてみる。

「日本が大東亜共栄圏内の住民の人心掌握に失敗し、その結果として圏内各国との協働体制を築けず、人々の希望を失わせ、初期の経済目標を達成できないことで日本によるアジア新秩序建設に、疑念を抱かせているということだ」（外務省外交官史料館蔵）。以下、長文にてある豊富な資料を解きほぐして、説明しても読者の得心度合いを増やす程の、知識と理解を用意することができない。唯、入植の初期段階では、原住民のリーダーたちに多少の恩恵を与えて、その部分で感謝された評価地区もあったようである。映画館で、見た記憶は子供だてらに拍手をした記憶もある。

第四節　原爆投下、大日本帝国にもあった原子核爆弾の研究

・（過日の広島サミット会場にウクライナ国の大統領・ゼレンスキー氏が、極秘の参加であるか、事実は判然としない。充分に段取りをつけた、用意周到の参加であったかもしれないが、参加して拍手をされたのは事実であり、我らが臆することではない。ホスト役の岸田総理大臣は緊張する表情を隠し、世界に余裕を持って挨拶をしていた様にも筆者には見えた。世界で日本国にしかない原爆投下被災地に於いて、ウクライナ大統領と再会・握手。その一点は功績として認めよう）

第一項　ドイツ国頼りの「原子爆弾」の研究所、日本国にもあったことはご存じですか

・（ここでは、事実だけを紹介したい）

日本の「原子爆弾開発計画」は既に一九四五年八月一二日実験に成功すとある。場所は理化学研究所。中根良平副理事長（一九八三〜一九八七）。「核分裂の発見から原爆研究へ」というサブタイトルがある。筆者の知識では「完成寸前にドイツよりプルトニュームの輸入を予定するも、フィリピン海峡沖で、ドイツ舟がアメリカ警備艇に拿捕され、輸入できず。完全なる完成には至らなかった」という一文を見て、各方面に確認したが、否定はされなかった。理研・神戸とあったように思うが、不確実な情報であったら、やはり深くお詫びする以外に他はない。この時点で原子爆弾を完成していたのはアメリカ合衆国以外になかった。アメリカはロシアの完成を不安がっていた。筆者の知識は当然にして、他者よりも何歩も先にはいない、同様なレベルである。只、この時期に日本国が原子爆弾を開発していたら、世界中が、更に暗くて深い悲劇になっていたのではと勝手な想像をする。

大日本帝国に原子爆弾が投下されたのは、広島市は平和公園に一九四五年八月六日午前八時一五分。長崎市は一九四五年八月九日午前一一時〇二分三菱グランド近くに投下された。

第七章　終戦……大日本帝国の降伏、そして敗戦

第一節　大日本帝国・皇軍敗戦

・（一九四五年七月、ポツダム会議の合意を受け、アメリカ・イギリス・中国の三国首脳名で日本国に無条件降伏を勧告した。日本国政府は、八月一四日にその受諾を決定して一五日に国民に発表、九月二日に降伏文書に署名し戦争が終結した。戦争は絶対反対は間違っていませんが、負けることは国家国民にとってもっと悪い、だから戦争は一度では終わらない。その理屈と事実を認識しておきたい）

第二節　大日本帝国の敗戦理由について

日本国の敗戦理由は国体・制度等の国家の伝統的な仕組み組織に欠部があったこと。

先ず、そこをみよう。他方で対戦相手に問題があったこと、外交の仕方にも欠点があった。その他にも敗戦の理由は各地各所の地方でもあったであろうが、読者の御存じの範囲で役に立つ回想をされることに期待する。なお、この第二節に於ける理由について、異論もあろう。特に家族の一族関係者に繋がる案件は、反論の意見を取り上げるべきかもしれないが、今回は許容の範囲と思われて回読されることに期待する。

第一項　敗戦の理由

本来は敗戦処理の正式な手順というルールがあろう。うやむやの処理、どさくさにまぎれた処理というようなやり方はあったであろうと思う。ただそのうやむやどさくさにも、色々あって、される敗戦国と勝ち組の戦勝国の見方にかなりの「差異」がある。しかし実際の太平洋戦争で被害を被った日本国にどれだけの証明が出来ようか、また許されようか、筆者は全く、そこらの基準がわからない。それでは本書の存在の意味がないから、読者と共に一歩前に出よう。

＊その1.　国家の最上位にあるという天皇現人神《あらひとがみ》・絶対的な存在が日本国の歴史学として公認されていた。しかし天皇は国民にあらずして常に最上位に存在するだけで実権を持た

ずとされていたが、そこはやや疑わしいと思う。

仮に天皇が独り言を口にしただけであっても、又、内容がよく分からず、ただ頷いただけの行動でも〝天皇の御支持・了解が得られた〟と下位に伝達をすれば命令されたということになる。これは天皇陛下が黙視したり、明確な拒否する一言がない場合でも、了解・同意の有ったものとして、扱われたかもしれない。これらの処理があって現実に問題視された例示があった訳ではない。単なる下衆の思考でしかない。

＊その2.　帝国日本の国体は政治と軍隊が全く同格であること。国家の指導体制が政治よりも上位にあったこと。即ち、大日本帝国軍隊・東條英機の決定した「大東亜共栄圏構想」は、その時以後の内閣総理大臣と国会の異議・異論は通用しない。このために政治家暗殺（例、五・一五事件）や事件や決起集会は起きた。このような事件はそれなりに、見方によれば正当性あるような場合もある。

＊その3.　アメリカ合衆国を敵にしたこと。

明治維新以来、日本の軍事・科学技術は欧米に依存しており、兵器の燃料に使う石油においては、日本はアメリカにほぼ依存していた。そこで第二次世界大戦が起こり、アメリカから石油の輸入が止められると、日本は大東亜共栄圏構想を打ち上げて、燃料を手　に入れるべく東南アジアに進出したが、欧米諸国の陣営に先を読まれ失敗した。作戦の失敗もあると言われる読者もいよう。

これが最大の敗戦理由であるが、如何に大日本帝国がアジアの優秀な大和民族であっても信念だけでは、空腹も賄《まかな》えずということであろう。しかし太平洋戦争・真珠湾攻撃開始前にして、山本五十六海軍大臣が全く、米国海軍には勝てる可能性もなく、「アメリカ合衆国を敵にして戦うことは得策にあらず」という海軍の姿勢を明確にしていた。この山本五十六元帥の思案は東條英機も充分に承知していた。

東條英機も山本五十六も、大日本帝国の皇軍すべての幹部は、承知していた作戦であった。沖縄上陸作戦の学徒を含めた戦死者はおよそ二十万人を超えた。それも武器弾薬は底を尽き、洞穴《ほらあな》に逃げ追い詰められて、火炎放射器でうち焼かれた。この戦闘状況を聞いた本土の最高各位は「沖縄の戦士は全く脆弱《ぜいじゃく》、情けない。日本軍は日本本土で戦って、今まで負けたことは一度もない。連合軍を本土上陸に誘い、日本の最高兵士の力の程をみせてやれ」とか、大声で吠えたそうである。ここで吠えまわった軍の大将の名前は聞き及んでいるが、ここでは書き入れない。兵隊以外は皆竹槍・包丁・鎖鎌であり、女も子供も狩りだされていた。それでも大本営も、その上位も、逃げ場を地下に掘り巡らして、震えながらも敗戦の事実を認めなかったという話はよく聞かされた。

第二項　東京大空襲の日

一九四四年（昭和一九年）一一月二四日～一九四五年（昭和二〇年）八月一五日まで、一〇六回の空襲爆撃。これで降参が決まった、大日本帝国の敗戦。

広島・長崎への原爆投下で、日本国の体勢は完全に決していたが、この大空襲で全てが決まったと言われている。もっと言えばサイパン群島を米軍に奪取された時に、日本国の完全敗戦は決定していたと往時の作戦参謀は空しく認めた。

ここら辺りの解釈は難しい。敗戦を認めればそれまでに落とした命の挽回奪取は全て放棄するとしたら、どの段階で敗戦の確認をするのか。ロシアの傭兵たちの結果は進軍・撤退の参考基準に大きく関与すると評論する人もいた。殊に欧州の帝国は直属の兵士たちを危険な戦闘部署には投入下せずというマイナールールがある。

それが先兵隊の役割のひとつであると詳細にあった。これは偵察・斥侯の舞台とは役回りが異なる。もうひとつの大きな敗戦要因がある。前述しているが、それはサイパン島から日本国までの空路をB29が日帰りで東京を爆撃して往復出来る距離である。

それは米軍の射程距離範囲に入ったことを意味していた。この意図は作戦参謀の間では常識であった。サイパンを守れ、の作戦本部指示発令の有るもむなし。石原莞爾の資料の中にもそのような記載が見られた。

このサイパン攻撃、奪取の意図は原爆投下がなくても日本国はこのあたりで、昭和天皇より東條英機閣下に向かって「そろそろ良いではないか」と鶴の一声があったなら、原爆投下も大空襲も避けられたかもしれない。東條英機も誰彼《だれかれ》に拘《こだわ》って、投降・敗戦の指示を出さなかったのかわからない。長崎に投下されたとき大本営は敗戦の覚悟をしたという。連合軍は三発の原子爆弾を用意していたとの情報もあったらしいが。最後のひとつを東京に投下されていたら、今日の姿はどちらを向いていたか、分からない、日本総崩れになっていたであろう。

昭和天皇の一言を頂く自信がなかったのか。それとも我が身、東條英機も入れた大日本帝国も昭和天皇の命も捨てるつもりであったのか、真実はだれもわからない。

第三項　無条件降伏について

巷間に言われる日本だけに与えられた無条件降伏の要求は真実か。筆者が知り得る範囲ではイタリアを先にして、ドイツ、日本と無条件降伏であったと思うがどうであろう。この案件に対して異論が多数あるように聞くが、詳細を読めば殆どが自説を強調するばかりで、客観性がない。大日本帝国だけが、唯一、無条件降伏を作為的に与えられたという論陣もあるようだが、筆者には何ら届かない。読者もそこは自由に進んで良い解釈をされたい。無条件降伏を受けた日本国の回復は世界も驚いた筈。僭越ながら、筆者はそこを認めて国家・国民を誉めてやりたい。

第四項　天皇機関説

この理論も諸説が多い。大日本帝国憲法下で確立された憲法学説であるが、統治権は法人たる国家にあり、天皇はその最高機関として、内閣をはじめとする他の機関から輔弼《ほひつ》を得ながら統治権を行使すると説いたものである。輔弼《ほひつ》に言われたことをそのまま、実行するだけであるから、天皇にはこの時点で行為の責任は何もないという理論であるがここも筆者には難解であり、読者に紹介する一文のみとしよう。

輔弼《ほひつ》とは、天皇の行為としてなされるべき、あるいは、為されるべきことについて進言することとある。この解釈は現在の憲法学者、政治学者の間では異論はないものとされている。皇位は高貴な立場であり、個人的な判断を入れて、伝言を入れるべきでないということのようである。ここは筆者の考えを広げる程の見識はないが、国家権力が悪用されんことを期待したいが、それ以上の感想をもって考える案件ではない。

第八章　東京裁判

第一節　極東国際軍事裁判

東京裁判とは、第二次世界大戦で敗北した日本に対して連合軍が行った裁判をいうが、「極東国際軍事裁判」とも言われるこの裁判は一九四六年五月から一九四八年一一月にかけて行われ、「戦争犯罪人」とされた当時の軍人、政治家といった人たちが裁かれた。

この裁判によって東條英機、広田弘毅元首相ら七人のA級戦犯が死刑になると共に、BC級戦犯として五〇〇〇人以上の関係者が世界中の裁判所で死刑判決を受けている（原文ママ）。

この一文で、読者の皆さんが東京裁判で開かれた内容が充分に理解できるという決め付けは、筆者の独断であり、あまりにも上から目線の姿勢で良いとは思えないが、この時代は筆者も若年。小学生に戻って、回想するべきというのもよくない。

ここで読者の方々の中で、詳しく知りたいという方もおられようが、今頃になって、知り得ても一般的には役に立たずであろう。

A級戦犯という呼び名は罪名として分かり易いが、良い印象ではない。特に広田弘毅は終戦間近いロシア軍の交戦に参加無きようにする努力は、ピエロのような辛い外交であった。そこらあたりの戦犯と言われる心情は、少しは察してやりたい。

ロシア・ウクライナは現在に於いて存在している国家で、砲撃もミサイルも歴史上の案件ではないから、筆者の領域を超えるし、誰が正しく裁定をすることが出来るかどうか疑わしい。筆者はお叱りを頂いても興味本位であってもよいから、詳しく知りたいとは思う。

第一項　大東亜戦争の英雄たちの証言

日本帝国陸軍大将　第四十代、内閣総理大臣、　東條英機

・（天皇に責任なし、責任は我に在り。私は最後までこの戦争は自衛戦であり、現時承認せられたる国際法には違反せぬ戦争と主張します。敗戦の責任については「当時の総理大臣」たりし私の責任であります）

＊この一文は大変著名な東條英機の東京裁判での証言である。

戦時下の首相であり、陸相である東條英機は、「太平洋戦争に勝つ」ことと、「敗戦」「事態」という事をどのように受け止めていたのか。

一九四五年八月一〇日～一四日に書かれた東條の手記にはこうある。

「然るに事、志と違い、四年後の今日国際情勢は危急に立つに至りたりと雖《いえども》尚《なほ》も相当の力実を十二分に発揮するに至らず。もろくも敵の脅《おび》へ簡単に手を挙ぐるが如き、国政指導者及び国民無邪気なりとは夢想だもせざりし、これに基礎を置きて戦争指導に当りたる不明は開戦当時の責任者として深く其の責を感ずる処、上御一人に対して、又国民に対し申し訳なき限り……（半藤一利・保阪正康・井上亮『東京裁判を読む』より）

なお、ここからの一文は、新聞学者の表現とはいえ、読者の異論の多いところであろうが、筆者も実態を十分に捉えて、伝えられているか不安もある。その時は、前もって読者諸氏の深い御理解を期待しておきたい。

又、更に深い御理解を望まれる読者は、筆者が引用した、高位の学者の実本を一読されんことをお勧めしておきたい。

◎国民が「根性なし」だから戦争に負けたのか

東條英機は昭和一六年一二月八日の対米英戦の開戦・真珠湾攻撃の時に、「この国難を国民は一致団結で乗り越え、とにかく勝利のときまで戦い続けるであろう、そういう皇国の精神を私は信じている、ということで戦争指導に当たっている。だが国民はそうではなかった。戦争末期は、政治指導者も国民もまだ力があるのに、アメリカ軍の攻撃に脅《おび》えて手を挙げてしまった。

「無邪気」なつまり、こんなに弱い、根性のない国民だと思わなかった……（以下省略）」

第二項　大東亜戦争の映雄たちの証言

大日本帝国海軍大臣、　嶋田繁太郎

・（帝国海軍で誰もが知る大将は山本五十六であるが、山本は既に真珠湾攻撃で名を馳せ、海中の藻屑と消えたが、後任の比較的、受けの良いと言われた、嶋田繁太郎大臣に登場して貰う。これも東京裁判記録からの引用である）

◎敗戦は我が国の力不足から止む得ない

大東亜戦争の失敗は、実に遺憾の極みであったが、我が国力の不足から止むを得ない結果であり、我が将来の発展上に一大教訓警告を典《み》る、一段階と観られる。

本裁判（東京裁判）に依りて全事態が明瞭になったように、昭和一六年十月、私が海軍大臣拝命の時には既に米国の準備は着々と整備しており、その日本打倒の決意は堅硬《けんこう》不動であって、その表現は十一月二十六日の「ハル・ノート」に明示されていた。

この中で嶋田大臣は間接的な表現ではあるが、自分たちのこの戦争は失敗であった、間違いであった、こういう形で決着したことは、あるいは当然の帰結であったという意味のことを書いているという……（以下略）。

・ここで読者が理解しておかれたいことは、二者（東條英機陸軍大臣・嶋田海軍大臣）の発言である。

「陸軍」は国民兵隊のふがいなさを批評し、迷うところなく国民性にありと能力を否定している。

「海軍」は帝国が真珠湾攻撃をした時より既に、アメリカ海軍の予測はされていた。大日本帝国海軍が真珠湾に翼を広げた時、既に勝敗の行方は誰もが承知していた結果であるが、陸軍の戦争はやってみなければわからない一面はあるとしていた。この最後の三行の筆元はわからず。

ここで筆者は東條英機と嶋田繁太郎を競わせて、甲乙を付けようとは全く思ってはいない。背に担《かつ》いだ任務は、いずれも大きく、何れの武将が勝るかを、読者をして軍配の左右を求めるものではない。

只、この皇軍幹部、二者の部下の軍評について全く、異なる見解をしていたことに釈然としない筆者であるが、読者の皆さんは如何様に感じられたであろうか、参考にしたく思う。二人の幹部の役職上に於いて、立ち位置が違うことで、見る目も変わってくることはあり得る。そこは管見であっても想像はできる。

東京裁判の判事たちと、マッカーサーの判断基準があれば参考にしたいが、ロシア×ウクライナ戦について、後々に於いて、公正な裁判と判決が期待できる、又、資料の公開が期待できるものであろうか。筆者も期待はするが、即座に当てには出来ることではない。

しかしこの表現は失言である。如何に情報の開示を期待しても世界史の範疇であり、筆者の希望は届かないであろう。今後の展開の開示に注意して、観察と学習をしたい。

◇『彷徨える日本史』　大東亜共栄圏構想（巻末特集）

序説

拙本の『彷徨える日本史』シリーズも第五巻をもって最終本となったが、この最終本に於いて本来、筆者が予期せぬ文面に出会い、その箇所に現代史の戦争の有り方を独自に語る、傑物とも言える人物に遭遇する事に恵まれた。

作者は石原莞爾とあるから原本を新書版として、起したものであろう。石原莞爾は本書の中に一部登場させているが、脚色なしのこれ程の解説本とすれば、もう少し読者にも紹介と言いながら紙面を執り率直な一文としたい。更にこの石原莞爾は、今そこにあるロシア×ウクライナ戦のような近現代に勃発した科学兵器の戦争の宿命（第三次世界大戦予想）と影響を真摯に捉えている。そこから入る。

なお、本文で一部紹介済みの箇所もあるから、その重複は事前に断りの言葉を添えおきたい。

※石原莞爾の老い歴

一八八九年（明治二二年）生まれで没年は一九四九年（昭和二四年）八月一五日。日本の陸軍軍人、思想家。最終階級は陸軍中将。帝国陸軍の異端児。軍事の天才とある。石原は甘党で酒タバコはたしなまず、下戸のくせに口論・喧嘩の類多くありもカリスマ性もありて、信奉者も多くあったという、天才型の軍人であった。留学先のドイツから帰途、同行の大尉が米国に立ち寄られる予定は有るかと問えば「俺が米国に行く時は日本の対米軍司令官として上陸するときだけだ」と息巻いて言い切っていたらしい。日蓮宗に傾倒する。「日本は特別な価値ある国」。『日本書紀』と「法華経・日蓮」に精通する。特に米国を嫌うとも記されている。陸軍大学校では成績は二位であったらしい。頭脳明晰であったが、上下もなく喧嘩早い性格であったようであるが、自説は良きに纏まっていたともある。人物評価これくらいでよい。

第一章　石原莞爾のひとりごと

この巻末特集の主役の石原莞爾は、理論に長ける秀才型であるが、周囲の人、群衆の意見を超えるばかりであるが、独裁傾向にあるようにも見える。この性格が集団のなかではどのように生かされていくか、活躍の現場を見ておきたかった。もっともそこに我らが如何ほどの賛意を見せられるか。生の語りが聴ける機会があればよかったかとも思う。

第一節　『世界最終戦論争』に見る石原莞爾の理論

決戦戦争と持久戦争の区分分け。

・（ここで石原莞爾という軍人の紹介をするが、類い稀な人物である。戦地に赴任して役向きの規則に従って、行動を起こすがその前に、管轄の上級の役職との兼ね合い、又は指示を待つ。しかし重大な職務のひとつに軍令指揮監督という実践業務が必務となる。そこでの緊張感は後方軍とは比べ物にならない。関東軍作戦参謀課長の石原莞爾は朝から晩まで如何に天才と言われても、日々緊張の雪だるま状態であったと筆者は同情するが、所属の関東軍は、日本中の注目の的であった。そこは理解するが、同情をすることもない。この修羅場の空気を理解できないと、単なる厄介人物にしか見えない。見えるのは大東亜共栄圏構想の総論だけであろう。筆者も石原莞爾とは初対面であるから読者と行動を共にしたい）

※石原理論・その㈠　決戦戦争と持久戦争

戦争の特徴は、武力戦にある。しかしその武力の価値が、それ以外の戦争に対してどれだけの位置を占めるかという事によって戦争に二つの傾向が起きる。

言い換えれば次にようにある。

＊「陽性の戦争」……これを私（石原莞爾）は「決戦戦争」と命名している。曰く「男の戦争」とその役柄を明確に評価している。ところが色々な事情によって、武力の価値がそれ以上の手段、すなわち、政治手段に対して絶対的でなくなる……武力がことを決する状態でなく、政治的な手法で解決をするという方向になることがある。この流れは解決に時

間と手間暇がかかる。中身は兎も角として穏便に解決を図り、流血を避ける。これを女性型の「陰性の戦争」になり易い。これを天才石原莞爾は「持久戦争」と名づけている。この区分の付け方は戦争の経過段階を詳しく分解し解説をしている。「男女の役割」を例えているに過ぎない。

読者はロシア×ウクライナ戦争を例示して、今どの段階にあるかを考えてみよう。石原莞爾のこの区別の仕方を押さえておかれたい。女性型とか男性型とかの表現に異論を持たれる読者もおられよう、当然であるが一方は攻撃・皆殺し戦争であり、他方は少し時間がかかっても、政治的に話し合いで解決をしようとする、人命を尊重する戦法である。この女型の持久戦争はまず話し合いである。腹の中の探り合いであろう。

この戦法は、時間はかかるが、流血を避けることが出来る。この理論でロシア×ウクライナ戦争の行方を想像してみよう。現在は二〇二三年の六月一四日である。実践攻撃も日々にあり、殺し合いも日常茶飯事であるが、相手の止めを刺す「決戦戦争」とまでは進んでいないと見るべきである。この戦争はいきなり砲弾の打ち合いが見られた。

※石原理論・その㈡　持久戦争から決戦戦争に作戦移動

ここでの評論として、筆者に代わり石原莞爾氏に往時の石原理論で、現在のプーチン作戦の分析について何の責任もなく筆者の立場でひとりごとの如く触れてみる。

・プーチン大統領とロシア軍の戦闘行動は二〇二二年二月一四日に始まる。この段階ではウクライナ軍に宣戦布告をして、軽い脅しの砲撃を加えている。

この段階では露国はウクライナ国を説得して、NATO（北大西洋条約機構・三十一か国）に移行する希望を断念せよと説得したが、ウクライナのゼレンスキー大統領を説得できず、脅しの砲撃を撃ち込んだ。この段階ではロシアとプーチン氏の行動は①「持久戦争型（女型、陰性戦争）になっていた。しかし如何に言葉で説得しても事態は進行せず、好転の兆しなし。それどころか周辺の北欧数か国もウクライナと行動を共にするような姿勢を見せた。この段階で持久型の行動では、プーチン氏も、ロシア国も、舐められてしまう。

これではいけないから、②決着の付き易い「最終戦争」（陽性戦争）に方針を変更するがここでも結論は出せず、で現在進行中である。

ここで筆者が解説をするのは戦争も最初から陽性、陰性の方向を決めて戦争はされないということである。途中でより良い成果を上げる為、又は挽回不可能の時の変更は戦争の進行状況により、素早く変更することが重要なポイントであると石原莞爾は説いている。

侵攻不利の時は面子なく、事態の好転する作戦に変更することが重要であるということである。負けを承知で突撃をすることは、全滅を意味する。こんなことは誰でもわかるような気がするが、案外そうではない。大日本帝国の真珠湾攻撃からの戦争状況はどうであったであろうか。山本元帥はアメリカ合衆国と戦っても勝ち目はないと言っていたのではないか。やってはいけない戦争をやってしまった。日本軍の戦略はどうであれ、ここで決着がついてしまう。アメリカ軍を単に脅すのではなく、真珠湾に停泊している米国の軍隊の船舶の全滅を望む作戦である。日本国としては真珠湾に停泊している戦力の力量は計算済みである。持久戦ではない。死して母国の盾となる覚悟で決着最終戦争を最初から計画していた作戦である。

今、ロシア国とプーチン氏はどうであろう。

プーチン氏はこの世界最終戦争にチャレンジを仕掛けているのか。白黒はっきりさせて、社会主義の正当性を世界に示したい。大組織の正しい姿を世界に示す。それと違って指導者たる一握りの幹部を除いてあとは全て平等であるという理論である。西側諸国は金持ちだけが得をする不公平な社会であるという理論である。この論法には異論が多いことも承知しているが、世界では社会主義国家の方が多いということも忘れてはならない。

※石原理論・その㈢　世界最終戦

この場合どちらの戦法が正しいかは、今、我らがここで優劣の判定することではない。ロシア、プーチン戦法は陽性型・決戦戦争を戦法としているが、話し合いもありとするが、実弾戦争で白黒を早くつけたい。ロシア軍としては陽性型の決戦戦争に持ち込み、一刻でも早く勝利宣言をしたいし、武器弾薬の在庫も少なくなっていると言われている。実態はわからない。

対抗国のウクライナ軍も国土を焼き払うロシア軍の行動を見れば、冬将軍の来る前に武力で勝る「決戦戦争」で早く答えを出したい。プーチン露国はこの道であろう。ウクライナのゼレンスキー氏は砲撃の機会も捨てない。「決戦戦争」もするが武器が援助武器の為、限りがある。

ウクライナのゼレンスキー氏の話し合いもする「持久戦争」戦法を支持する。石原莞爾はこの戦法の何れが良いという事ではなく、戦争には二つの傾向がある。そこを使い分けないと、何処かに無理が溢れ、軍勢の意思統合の持てない国家の戦争となる。

ここまで石原莞爾は一〇〇年も前の時代でも上級の将軍に直訴して、自らのその処遇を悪くしている。

石原莞爾の理論は戦争にも相手の戦法を分析し、その後に大日本帝国の戦法を理解させてから、攻撃をする。最初の自国の戦法と敵対する戦法を相互に理解させて、軍令をすることである。

読者の判断で、今どちらが持久型戦争で、どちらが決戦戦争かを判断しよう。双方の作戦はいつでも態勢を変える、柔軟性を持つ。しかし一度、劣勢に立つと事態は好転させることは、難しい。ここから先は筆者の触れるところではない。

政治の延長線上に戦争がある。交渉が崩れた後に戦争がある。いきなりの戦争ではない。只、ロシア×ウクライナ戦争は第三次世界大戦に進む危険性については、筆者は少ないと思う。主導権はどちらにあるかという判断であるが、開戦時のスタートは露軍プーチン司令官であったが、宇軍を支援するＮＡＴＯの「支援疲れ」もプーチンの予想を超えて、継続をしている。露軍の兵力も「極減」しているような噂もあり。「戦略核」の使用も無しと言えずとなれば「陽性」・「男性」・「最終戦争」という作戦の変更を素早く正確にするという事であるが、言うは易（やす）し・行いは難（かた）しであろう。ここから先は内紛・仲間割れの行方は負けしかない。これが拙本の「彷徨える日本史」の第五編により学習した学術的見識によれば「宇軍」から仲間割れや内紛の声は聞こえないが、それ以上の学習はできていないから、管見・浅学の筆者が立場を超えて、読者の皆さんに対してタクトを振るのは無礼の極みであり、僭越な行動を反省したい。

※石原理論・その㈣　傭兵制度の裏表

ここで、石原理論が世情の話と合致しない理論を最後にひとつ、日本にもあった傭兵制度。

・傭兵軍とは君主、又は主権者の所有物である。

十八世紀に始まった制度であるが、その目的は争いごとに負けないこと、戦争に必ず勝つということである。その時代の領主、君主が必ず自前の兵士を持っていたわけではない。その都度、臨時に強そうな人材を金で集めた。男子に限らない。段々、時代の競争が激しくなるに連れて、自前の軍隊が高くなり、傭兵をその都度、条件付きで採用した。傭兵の方が経費的に安くつき、腕前も保証されていた。傭兵が戦死すれば崩壊は早い。自前の軍隊よりも傭兵の方が役に立つ。傭兵が全滅したら、既に敗戦を認めるようであった。自前の軍隊は当てにできないというのが実態であったようである、貴族の社会であろう。ここでの見立てはあまりあてには出来ない。

第一項　石原莞爾の人物像　元陸軍中将の軍歴

・石原莞爾の生誕、一八八九年、一月一八日。山形県鶴岡市に生まれる。一九一五年、陸軍大学校に入学。陸軍大学校創設以来の秀才といわれた三年後には次席で卒業。後にドイツに留学、駐在し軍人としてのキャリアを積み上げる。この前後に日蓮宗系の国柱会（こくちゅうかい）に入会しているが、この日蓮宗の教えが、彼の後の思想に大きく影響する。

第二項　満州事変の行動と戦功

・満州事変での石原の活躍がその評価を更に高くした。満州地区を日本国が占領、植民地化して、軍隊の補給地域にする構想を示したが、陸軍中央と関東軍内部の調整で、満州は独立国家とすることになった。

一九三一年の柳条湖事件を機に満州事変が始まった。翌年の三月一日には「満州国」を建国した。

それでも作戦・立案を実行した石原莞爾の評価は上がり「戦争の天才」という評価を得た。問題はここである。この石原参謀のこの後の作戦は、清国の本拠地の北京沿岸方向に向けて作戦と思案の最中で、慎重に思案をした。即ち石原参謀の狙いは中国本土を中心に攻略作戦を立てていたが、大本営は満州一帯の資源が欲しくてたまらなかった。

今の大日本帝国の力を持って、清国に上陸すれば満州・青島・一帯を日本領地にすることが出来ると過信した。本国の参謀本部長を中心にして、即刻、華北、南京へと戦線を拡大させた。この安易な拡大作戦よりも、慎重に考え、アメリカと手を組み中華を間に挟み、ロシアと対峙するべきという、広大な作戦であり、ここで原油輸入元の米国を敵にすべきでないと論陣を張った。（注・この理論は山本五十六海軍元帥と酷似した思考である）そして、山本五十六元帥は東條英機陸軍大将と陸海の違いはあるが、積極派と慎重派の違いは鮮明。論陣のその相手は東條英機参謀長であったことが石原莞爾中将・参謀の不運である。策戦理論では負けない石原中将は「東條英機上等兵殿」とその背後から掛け声をかけたという伝説のような逸話が残る、「賢者は賢者を知る」という話もあるが、現在の世界情勢は幾分の影響はあったであろうと想像はするが、東條英機参謀長に背後から「東條上等兵殿」と掛け声をかけて、あしらった。時の広東軍・満州作戦参謀課長の行方は、即刻決定して、日本国に送還され、自ら退役を申し出たと言われている。

・石原莞爾関東軍参謀は作戦予備校に左遷され、体調を崩し入院となる。
・石原莞爾氏は「東亜連盟」にも関与して戦後の右翼思想にも大きな影響を与えたという。
・石原莞爾中将は一九四九年八月一五日の終戦記念日に没す。

これ以上の詳細は問わず、　拝。

あとがき

二〇二二年の年末、あるTVの番組では、いつも岸田政権を酷評していた評論家たちを向こうに置いて、小泉純一郎元総理大臣秘書官の飯島勲《いいじまいさお》氏が舞台の中心。参加諸氏に問いて、「聞くことの出来る総理」を庇《かば》う論調で口角泡《こうかくあわ》を飛ばした。そして自作の資料を読みあげた。曰く「その決断力、大事《だいじ》時《とき》に欠ける」と。「岸田総理の力量について、新聞各紙の論調の評価面と支持率の評価は正しくない。岸田総理は十月、一一月、一二月と来て、いずれも重大な案件を成就させている」と語気を溜《た》め、高い評価を与え、三人の評論家は事前の打ち合わせがあったのか知らないが相槌《あいづち》を打った。その中に飯島氏の指摘のひとつに、「防衛予算」の一件があった。令和四年の年末、日本の国会で将来の国防費として、五年間かけて四十三兆円という計画を発表した。これは岸田総理大臣としては、一見、さらっと決めたようにみられるが、穿《うが》った見方をすれば、「ロシア×ウクライナ」、「中国・台湾・米国問題」、「北朝鮮の核弾化軍備体制」の緊張した近隣の国際関係が、防衛費の拡張のあと押ししたようにも見える。与党に対しても、野党に対しても、拘《こだわ》りなく誰もの意見を公平に聞くことのできる総理大臣・岸田文雄は聞くばかりで、巷間に囁《ささや》かれた、検討はするが、決断は出来ず、「検討使」の域を超えられず、凛《りん》とした姿勢を求められた。

ところが苦戦すると思った防衛予算を即座に決め、新年の二〇二三年を迎えられた。まさに世界の戦闘態勢と先鋭化した国際事情が、国会の空気と「総理の背中を後押する」空気の様に仕向けたのであろう。こんな政治の舞台裏は、簡単には知らないが、分かり易い舞台の裏話である。業界の実力政治評論家を自認する彼らが、野党と同じ立場で綱引きに参加していないで、年を越させようという情けであろう。一方、与党で安倍晋三氏の如く、世界の潮流は全て国家防衛の準備であり、日米同盟の戦闘力の充実に、大きく寄与する予算である。この予算が日米同盟に基づく国防の構想の「盾《たて》と矛《ほこ》」である。この決断は以後の日本国を防備する資金である。曰く、自らを〝日本の国会議員の中では、最右翼である〟と自認し公言していた、今は亡き安倍晋三氏も雲上にてニッコリとしたであろう。

巷間、突っ込まれやすい「岸田検討使」は案外に長生きのできる総理大臣の立場なのかもしれない。それよりも岸田総理大臣が苦戦したのは、自由民主党の歴史、岸信介元総理大臣、安倍晋太郎元外務大臣が絡《から》んだ統一教会疑惑である。しかしその案件は本文中で既に触れたから、処理の仕方とその行方については、各派閥内で処理すればよく、本来、一国の内閣総理大臣が、関与すべきことに非ずの案件なり。

岸田総理大臣に期待したい。このロシア×ウクライナ戦争が終われば何かが変わる。そこに素早くどう対応すべきか、それまでの自国の行動と歴史に学ぶことになろう。殺し合うだけでは民意は摑《つか》めないし、後に続く者がいない。両者はそれなりに確信があっての行動であると思いたいが互いに答えは揃《そろ》わない。しかし世界の八〇億人の両目がロシア軍の後を追うだろう。世界の現代・近代科学の技術を集めた戦争が突発した。世界のこの戦争は、隣の大陸（ユーラシア）であり、遥かに遠い国の出来事ではなく、今そこにある危機と思うことである。ブラウン管の向こうの出来事では済まされない感覚が必要。遥か遠方その行方、落としどころがどの辺になると互いに納得できる境界線が得られるであろうか。

一部の報道によれば、プーチン支持派には、もっとウクライナ軍を激しく攻めるべきであり、手緩《てぬる》いという内部批判の報道も続くが、ロシア軍の気勢は一向に衰えないとプーチン支持派の周囲は言い切る。ロシアには正規軍がまだいる。スターリン時代の独ソ対決では、一〇〇〇万人以上の兵士をなくしている戦いもある（第一次、第二次世界大戦）。彼らの様子は仮《かり》の姿でもない、これが開戦直後のロシア軍の日々の姿である。階級上位の幹部はもっと強硬な作戦をとるべきという進言者も多く、彼らはTV報道も関係ない。それかあらぬか、プーチンの核発言は、ウクライナに対する単なる脅《おど》しのメッセージではない。タブロイド紙レベルの噂であるが、プーチン大統領は既に逃亡先の国家を決めているといった情報が流されているというくらい、覚悟とウクライナに対する脅迫を込めて、意図的な姿勢をマイク越しに見せる。

もし許容範囲の一線を超えた時は、例え「戦術核」の使用であってもロシア一国の話だけでは終わらない。中国の習近平氏が仲裁案を出し、そこには米国のバイデン氏を超える裁定案を用意したであろう。バイデン大統領も米国もそこまで中国が纏めると予想してはいなかったと筆者は見ているが、誰の仲裁案であっても、兎に角、武器を収めるところまで、どちらも前進させたい。プーチンは着地目標を何処に置いているのであろうか、更に結果は拗《こじ》れよう。メディア報道によれば、二年は戦えるスケールのロシア軍の兵士の気力は尽きることはない。一〇〇〇万人以上の兵士を戦死者として数えたという過去の実績があるらしい（第二次世界大戦）。因《ちな》みに日本はその戦争で三一〇万人の犠牲者を払った。ロシア軍がどんな結果になろうともプーチン氏の去《さ》り際《ぎわ》は、ひとつの覚悟を見せるのではないかと筆者は強く思う、A級戦犯として。戦争が終わればロシアも世界も何かが大きく変わる。現状は地域戦争の様相であるが、ウクライナの一般国民の戦死者が多すぎるのではないかと思うが、これも計算のうちであろう。どちらの国民が死者となり、捕虜《ほりょ》となり、其の予想を超えるときは、自らの処遇も考えるであろう。プーチン氏は何らかの切掛《きっか》けを求めていたのではないのか。

彼の目標は今亡き、先人スターリン（ロシア・ソビエト社会主義共和国連邦）のキャリアを超える立場を求めていたのであろう、そして最強のロシア軍の姿を夢見たのではないか。それくらいの大きな野心はあっても不思議ではない。

ソビエト連邦時代（全一五か国）の国数と領土を残せば、既に戦死した彼らと自らの命を払う気持ちはあろう。その為には核兵器の使用もあり得るのではないかと、浅学なる筆者でも大胆な予想が脳裡をかすめる。

それは拙本の「大日本帝国の大東亜共栄圏構想」と一億の国民の生きる大地を求めようとした、往時の大日本帝国陸軍の東條英機総理大臣の使命感と酷似するものがあるのではと推論している。この乱暴で管見極まりない、浅はかな見立てはプーチンの大胆なロシア軍進攻を知った時から、筆者の気持ちがその方向に、そそられた。そして日本の国会議員の中では、最も右寄り思考であると自負していた。シンゾウ、ウラジミールと呼び合える関係になって、北方四島の交渉、懇談の様子が絡《から》み、殆ど前進も説得もできない様にしか見えなかったが、日本の政治家では世界に通じていた「顔」の安倍晋三元総理大臣。僭越ながらその面影を少し、書きし触れてみようと並べてみたが、亡き御影に御礼申し上げます。

この活《い》きる教材として『彷徨える日本史』シリーズの第五弾をもって「完結編」とす。

〈著者紹介〉
源田京一（げんだ　きょういち）
著書
『彷徨える日本史 翻弄される赤穂の浪士たち』
『彷徨える日本史 誣説が先行する南海の美少年
　天草四郎時貞の実像』
『彷徨える日本史　皇国主義者、スプリンター
作家三島由紀夫が『葉隠』で見た武士道の世界
と陥穽』
『彷徨える日本史 今、解き明かす「征韓論」西
郷隆盛は主流かそれとも傍流か』（ともに幻冬舎）

日清《にっしん》、日露《にちろ》、太平洋戦争《たいへいようせんそう》『大東亜共栄圏構想《だいとうあきょうえいけんこうそう》の目算《もくさん》』
彷徨《さまよ》える日本史《にほんし》

2024年3月1日　第1刷発行

著　者　　源田京一
発行人　　久保田貴幸

発行元　　株式会社 幻冬舎メディアコンサルティング
　　　　　〒151-0051　東京都渋谷区千駄ヶ谷4-9-7
　　　　　電話　03-5411-6440（編集）

発売元　　株式会社 幻冬舎
　　　　　〒151-0051　東京都渋谷区千駄ヶ谷4-9-7
　　　　　電話　03-5411-6222（営業）

印刷・製本　中央精版印刷株式会社
装　丁　　弓田和則

検印廃止

Printed in Japan
ISBN 978-4-344-94990-4 C0021
幻冬舎メディアコンサルティングＨＰ
https://www.gentosha-mc.com/